내 인생의 잔

\<중판\>

내 인생의 잔

지은이/ 조이스 럽
옮긴이/ 최순님
펴낸이/ 김준우
초판 1쇄 펴낸날/ 2014년 6월 16일
중판 2쇄 펴낸날/ 2017년 3월 15일
펴낸곳/ 한국기독교연구소
등록번호/ 제8-195호(1996년 9월 3일)
경기도 고양시 일산동구 무궁화로 43-50, 우인 1322호 (우 410-837)
전화 031-929-5731, 5732(Fax)
E-mail: honestjesus@hanmail.net
Homepage: http://www.historicaljesus.co.kr.
표지 디자인/ 김보령
인쇄처/ 조명문화사 (전화 02-498-3017)
보급처/ 하늘유통 (전화 031-947-7777, Fax 031-947-9753)

The Cup of Our Life: A Guide to Spiritual Growth
ⓒ 1997 by Ave Maria Press, 2012 by Joyce Rupp
All rights reserved. Korean Translation copyright ⓒ 2013 by Korean Institute of the Christian Studies. The Korean translation right arranged with the author by Ave Maria Press. Printed in Seoul, Korea.

이 책의 한국어판 저작권은 Ave Maria Press를 통한 저자와의 독점계약으로 한국어 판권을 한국기독교연구소가 소유합니다. 저작권법에 따라 국내에서 보호받는 저작물이므로 무단전재와 무단복제를 금합니다.

ISBN 978-89-97339-16-7 03230
값 13,000원

* 이 책의 수익금은 모두 세월호 유가족들의 치유 프로젝트에 기부됩니다.

내 인생의 잔

영적 성숙을 위한 가이드

조이스 럽 지음 · 최순님 옮김

한국기독교연구소

The Cup of Our Life

a guide to spiritual growth

by
Joyce Rupp
Nortre Dame, Indiana: Sorin Books, 2012.

Korean Translation by Soonnim Choi

| 이 책은 경기도 안산시 단원구에 있는 화정교회(담임 박인환 목사)의 출판비 후원으로 간행되었습니다. |

Korean Institute of the Christian Studies

컵을 가지고 기도드리며
저와 함께 했던 모든 분들에게,
특히 깨져버린 잔의 아픔에 몸서리치는 분들에게
하느님의 사랑은 세상의 온갖 어둠과 폭력과 절망을
이기고도 남을 강한 힘이 있기에 살아갈 용기를 준다는
믿음으로 이 책을 바칩니다.
우리가 이 책을
함께 출산했습니다.

통한(痛恨)의 눈물과
향유(香油)가 담긴 이 잔엔
그만큼의 빛과 어둠도 담겨 있으므로
이를 마신 이는 분명
변화되리라.

차례

머리말 ··· 8

감사의 글 ··· 16

서문 ··· 18

첫째 주 / 생명의 잔 ··· 31

둘째 주 / 열린 잔 ··· 63

셋째 주 / 이 빠진 잔 ·· 95

넷째 주 / 깨진 잔 ··· 127

다섯째 주 / 자비의 잔 ·· 159

여섯째 주 / 복을 비는 잔 ··· 193

그룹 모임 ··· 227

참고도서 ··· 258

머리말

며칠 전, 바쁘게 서두르던 바람에 아끼던 커피잔 손잡이가 싱크대에 부딪쳐 떨어져 나갔습니다. 보드라운 청보라 빛깔 꽃무늬들이 아로새겨진 커다란 컵은 테두리도 얄팍해서 마시기에 그야말로 "딱 안성맞춤"이었지요. 깨진 걸 알았을 때 "하필 내가 그토록 아끼던 컵이 이 책 〈내 인생의 잔〉 머리말을 쓰는 중에 깨지다니!" 하는 생각이 스쳤습니다.

조심스럽지 못한 내 태도에 짜증이 났었고, 깨진 컵이 아까워 속도 상했습니다. 그러자 컵 하나도 자기만의 인생을 가질 수 있다는 생각이 많이 들더군요. 묵상기도를 마치고 난 후에 마시는 모닝커피부터 시작해서 일기를 쓰거나, 한밤에 차를 마실 때까지 하루 종일 그 컵을 끼고 다녔었더군요. 어제, 마침 강력접착제가 눈에 띄기에 떨어져 나간 손잡이를 제자리에 단단히 붙여놓았습니다. 오늘 아침 다시 컵을 봤을 때, 붙인 곳에 생긴 금간 흔적들이 너무 서두르는 내 결점들을 상기시켰습니다.

컵이 이처럼 자기 자신과의 강력한 연관성을 불러일으킬 수 있다는 것을 이 책을 처음 펴낸 이후 이십여 년 간 줄곧 배워왔습니다.

책을 쓰면서 즐겁기도 했지만, 한편 이 책을 사용할 사람들에게도 이 같은 배움이 일어날 수 있을지가 상당히 미심쩍기도 했고 두렵기도 했습니다. 컵을 상징으로 삼아 저는 영적인 성장을 이루었지만, 글쎄, 다른 사람들도 그럴 수 있으리라는 확신이 들지 않았습니다. 그럴 수 있다는 것을 차츰 알게 되면서 나의 염려가 쓸데없는 기우였음이 드러났습니다.

책이 나온 다음, 수많은 독자들이 컵을 통해 영성이 깊어졌으며 그로 인해 삶도 변했다는 편지를 보내주셨습니다. 그렇게 저를 독려하는 편지들은 지금도 계속되고 있답니다. 그런 긍정적인 반응들은 세속의 자아를 보다 심오한 영적 자아와 연결시키는 상징의 힘에 대한 강한 확신을 새롭게 심어주었습니다. 바로 이렇게 연관 지음이 우리에게 의미를 추구하게 만들고 더욱 풍요로운 삶으로 이끄는 영감도 얻게 만들지요.

얼마 전, 어느 독자 한 분이 추억에 잠긴 편지 한 통을 보내왔습니다. 편지를 읽어 내려가는데 문득 제가 인도했던 피정 때가 생각나더군요. 쥬디가 보낸 편지는 우리가 상징물을 갖고 기도드릴 때, 우리 삶이 외부에서부터 시작하여 내면에 이르기까지 어떻게 변화되는지 저에게 확인시켜 주었습니다.

"선생님은 우리더러 컵을 가지고 오라 하셨지요. 그리고 자기소개 시간에 컵과 관련된 자기만의 의미심장한 이야기를 서로 나누라고 제안하셨습니다. 그날 제가 깨달은 것은 신앙의 눈은 평범한 일상의 경험을 비범하게 만든다는 사실이었습니다. 힘든 일을 겪을 때나, 삶의 전환기를 맞이했을 때, 저는 이 책을 다시 찾아

읽고 또 읽으며 보냈습니다."

상징이 삶을 거룩하게 만든다고 생각하지는 않습니다. 그보다는 흐릿하고 진부해진 우리의 시선 너머를 보게 만들고, 삶이 지닌 본래의 깊은 신비로 진입하게 하여 그 안에 깃든 성스러움을 새로이 알아차리게 한다고 믿습니다. 최근 어느 모임에서 홀로코스트로 인해 가족을 모두 잃어버린 할머니 한 분이 저에게 다가오셨습니다. 촉촉이 젖은 눈으로 할머니는 손에 들고 계시던 책, 〈내 인생의 잔〉을 제게 내미시며, "이 책이야말로 지금 나에게 꼭 필요한 책이었어요. 특히나 '복을 비는 잔'을 읽을 때는 더했지요. 내 슬픔 너머에서 가장 반짝이며 빛나고 있는 소중한 것이 무엇인지를 나는 이제야 비로소 깨닫게 됐습니다."라고 말씀하셨습니다.

깊은 아픔과 슬픔을 겪은 사람들에게는 컵으로 연상되는 다양한 이미지들이 특히 영향을 끼치는 듯했습니다. 이것이 상징이 지닌 또 다른 힘입니다. 상징은 자기만의 개인적 경험을 다른 사람들의 보편적 경험과 연결시키는 지점으로 우리를 이끄는 힘이 있기 때문입니다. 그런 힘으로 상징은 우리에게 위로와 용기를 동시에 줍니다. "본질적으로, 시간만 달리 할 뿐 우리 모두는 똑같은 경험을 하고 있더군요."라고 이 책을 사용하고 난 후 아일랜드에 사는 제랄딘은 기막힌 표현을 했습니다.

제랄딘의 반응은 마시가 보낸 편지 내용과 비슷하더군요.

"해가 갈수록 〈내 인생의 잔〉이 제겐 얼마나 깊은 의미를 담고 있는 책인지 알려드리고 싶어 이렇게 선생님께 편지를 씁니다.

처음 책을 읽고선 깊은 전율을 느꼈습니다… 어머니는 암으로 사경을 헤매고 계셨고, 제 딸아이는 건강에 이상이 생겨서 죽을 힘으로 싸우고 있었어요. 남편은 이직 문제로 괴로워하고 있었고요. 저 역시 지독한 외로움과 절망의 소용돌이에서 헤어나지 못했지만, 아침마다 희망을 더듬으며 컵을 들고, 메모지를 옆에 놓고 이 책을 읽는 일이 저의 유일한 일이었습니다. 누군가 창문 하나를 나를 위해 열어 맑은 공기를 쐬게 해주는 듯 했으며, 용기도 얻게 되었어요. 그리고 그때부터 지금까지 저를 지탱해 주는 기도의 삶을 시작했습니다."

이 책이 사람들의 기도 생활을 성숙시켜 주고 유지시켜 주는 역할을 한다는 사실을 알게 되자 뿌듯해졌습니다. 게일의 코멘트와 비슷한 코멘트를 해주시는 분들이 많아졌어요. "이 책으로 인해 저는 기도하는 법을 배웠습니다. 6주간의 프로그램을 마치고 집에 돌아온 이후 왠지 자꾸 이 책을 앞에 놓고 기도하고 싶어지더군요. 황무지처럼 척박했던 저의 영성이 회복되는 것 같았지요. 책을 통해서 들었던 느낌은 나도 인간이야, 그러니 '다 괜찮아!' 하는 자신감이었지요. 〈내 인생의 잔〉은 저에게 하느님을 향해 가는 길을 열어준 책이랍니다."

국적이 다른 사람들, 다양한 연령층의 사람들이 이 책이 자기 삶을 바꿔주었노라고 알려주었습니다. 신혼부부, 학부와 신학교 학생들에서부터 의료계에 종사하는 사람들, 노인층에 이르기까지 이구동성으로 하는 말은 컵이 어떤 말을 하는지 주의를 기울여 듣게 되면 영적 진보가 이뤄진다는 것이었습니다. 이 책과 관련된 가장 감동스런 사연은 오하이오에 있는 구치소를 방문했을 때 들은 이야기입니다.

구치소에서 일하시는 신부님은 〈내 인생의 잔〉을 읽으며 기도해 온 여성재소자들의 모임으로 저를 안내하셨습니다. 그분들이 책을 읽고 나누는 자리에 동석했던 저는 심도 있는 통찰력과 개인적인 변화를 갈구하는 그분들의 심정에 커다란 감동을 받았습니다. 그곳에 암 투병을 하던 재소자가 한 분 계셨는데 그분의 이야기는 신부님이 나중에 따로 들려주셨습니다. 암이 가망 없게 되자 이분은 호스피스 병원으로 옮기기로 했는데, 구치소를 떠날 준비를 하며 죽어가는 이 여성의 유일했던 간청은 6주 동안 기도해 왔던 컵을 가지고 나가게 해달라는 것이었답니다.

기도 여행을 위해 독자들이 다양한 종류의 컵을 골랐다는 말도 감사했어요. 자기가 어떤 종류의 잔이었는지 헬렌은 이렇게 묵상을 했다고 합니다.

"내 친구가 고른 예쁘고 얄쌍한 하얀 자기 잔 세트에 저는 계속 꽂혔습니다. 그와 대조적으로 한두 군데씩 이가 빠지고 닳아버린 투박한 컵이 꼭 저 같다고 느껴지더군요. 난 왜 저것처럼 아름다운 컵이 될 수 없을까? 〈내 인생의 잔〉은 그때 이런 말을 하는 듯했습니다. 나는 눈요기만을 위해 찬장 위에 올려놓은 컵이 아니라 손만 뻗으면 누구나 손쉽게 쓸 수 있는 컵이니까. 내가 그렇게 열려 있으니까 사람들이 나에게 말도 걸고 자기 속내도 털어놓는 게 아니겠어? 어쩌면 닳고 이 빠진 내 삶이 결함 많고 흠투성이인 인간성과 조화를 이룬다는 걸 다른 사람들에게 가르쳐주는지도 모르잖아."

이 책을 기획할 때 개인뿐만 아니라 영성생활을 심화시키고 고양시킬 준비를 하는 그룹들에게도 도움을 줄 수 있었으면 하는 희망을 품었었는데 다행히도 그런 일들이 일어났습니다. 콜로라도에 사는 클라우디아는 "완벽한 잔"에서 깊은 감화를 받았다고 했는데, 이 부분은 완벽주의에 대해 묵상을 하는 일정 중에 촉진제 역할을 해준 부분이었다고 하더군요. 이어서 그는 "이 빠진 잔"과 "깨진 잔"을 가지고 '용서'를 주제로 한 피정과 세미나를 인도했답니다. 그가 가장 최근에 이끌었던 프로젝트는 영성 형성의 체험을 돕는 것이었는데 클라우디아는 5장의 "자비의 잔"을 가지고 프로그램을 진행했다고 합니다.

교회 목사님인 패트릭과 그의 부인은 매사추세츠에서 친구들과 모여 이 책을 읽고 묵상을 하면서 각자의 잔과 삶의 이야기들을 나누곤 했답니다. 패트릭 목사님이 제게 고맙다는 인사를 하면서 덧붙였던 말은 이렇습니다. "이 책은 우리들이 각자 신앙을 통해서 실천해온 모든 것들을 새롭게 성찰케 한 책입니다." 고등학교 교목인 젊은 새라 목사님도 이 책으로 교사들의 기도 모임을 인도했다고 하는데, 그 중 한 분은 "이 책을 가지고 기도하는 모임에 세 번이나 참석을 했어요. 친한 친구들과 한 번, 여성들과 한 번, 그리고 대학 동창들과 한 번" 참가했으며, 그 때마다 컵이 새로운 깨달음을 주었답니다.

〈내 인생의 잔〉을 가지고 기도하는 사람들 사이에 어떤 끈끈하고 지속적인 유대감이 형성될지는 제가 미처 기대하지 못했습니다. 얼굴만 알던 지인들이 서로 친구가 됐습니다. 친구가 되고 나선 우정이 깊어졌지요. 부부끼리는 밝고 새로운 눈으로 서로를 다시 보게 됐고요.

이 책을 사용한 사람들 간에 생긴 신앙적 연대는 오래 가는 즐거운 하나의 인연 이상으로 발전했습니다. 역경을 겪는 이들에게 커다란 용기를 심어줄 때도 있었습니다. 캐나다 연합교회의 노바 스코시아 지역의 한 기도 모임에서 생긴 일인데, 카렌은 이렇게 말했습니다. "우리는 컵이 상징하는 자기 삶의 이야기들을 매주 만나서 얘기를 나누며 기도 여행을 시작했지요… 우리 멤버 중 세 사람이 척추수술을 받고, 뇌종양을 앓고, 그 이듬해 뇌동맥이상증을 앓는 동안 우리 사이엔 순식간에 결속력이 생겼습니다. 그걸 유지하기 위해 더욱더 서로를 지지하며, 서로를 새롭게 이해하면서 친밀감은 점점 깊어만 갔습니다."

또 하나 제가 미처 생각하지 못한 점은 독자들이 같은 책을 반복해서 사용하면서 컵은 시기마다 다른 것을 선택할 수 있다는 점이었지요. 순전히 지니 덕분에 이 사실을 알게 됐는데, 지니는 고등학교 시절 도자기 반에서 자기 손으로 빚은 소박한 점토 머그잔과 노란 장미꽃 위로 춤추는 나비 무늬 차이나 잔을 가지고 기도를 한다고 했습니다. 그뿐 아니라 지니는 여러 사람에게 이 책을 선물하면서, 어떤 땐 그 사람을 위해 손수 컵까지 골라 보낸다고 말했습니다. 그 말을 듣고 저는 많이 놀랐습니다. 지니는 "그 컵이 누군가에게 새로운 은총이 될 것 같았어요. 묵상할 때 나에게 드러난 신비가 그 컵을 사용하는 다른 사람에게도 같은 신비를 드러낼 수 있다면 말입니다. 이 책을 사용한 적이 있는 사람에게 적합하다고 생각되는 컵이 내 눈에 뜨인다면 저는 그 사람에게 새 컵을 주면서 그것으로 다시 한 번 책을 읽어보라고 할 겁니다."라고 하더군요.

그런 반응들은 하느님이 저에게 주시는 또 하나의 놀라움입니다. 이 책에 걸었던 제 자신의 희망의 문턱을 훌쩍 뛰어 넘어, 제가 이제

껏 받은 반응들을 잘 수용하여 보다 더 큰 무엇으로 성장시켜보라는 의미를 담고 있는… 이런 응답들은 저를 겸손하게 만들고 또 즐겁게 합니다. 이제 사랑하는 독자 여러분과 영적 도반들도 〈내 인생의 잔〉으로 들어가셔서 영적 풍성함을 누리시길 희망합니다.

감사의 글

    이 책에는 여러 분들의 손길이 담겨 있습니다. 나의 워크숍, 피정, 학회 등에 참가하셨던 분들이 계속해서 독창적인 통찰력과 깨달음으로 이 책을 더욱 빛나게 해주었기 때문입니다. 컵을 영성생활의 상징으로 삼아 기도를 드리며 저와 함께 하셨던 분들은 이 글에 모두 큰 영감을 주신 분들입니다.

    노옴 리츠너 목사님이 리차드 레펠트 목사님과 저를 기도 모임에 초대했던 날, 그날에 얼마나 제가 감사를 하고 있는지요. 바로 그날, 이 책이 처음 잉태됐답니다. 노옴 리츠너 목사님과 레펠트 목사님, 이 두 분은 자기들의 영적 여행에 몹시 심혈을 기울이는 분이시면서 또한 제 영적 생활에도 큰 복을 빌어주셨습니다.

    이 책 구석구석엔 쥬디 컬리의 손 지문이 묻어나고 있을 거예요. 완성된 원고를 검토하고 난 후에 본문과 기도문들을 수정해보라고 활발한 제안을 여러 차례 해주신 분입니다.

    여러 소모임들이 6주 동안 모여서 원고를 함께 읽었습니다. 날마다 컵을 앞에 놓고 기도하는 일뿐만 아니라 도움이 되는 것과 그렇지 못한 것들을 구분하고 구체적인 평가까지 해주셨습니다. 그분들의 번

득이는 아이디어에 정말 감사드립니다. 특히 제가 더 감사를 드리는 점은 자기들의 기도 생활에 저도 끼워주신 그분들의 겸손한 태도입니다. 제넷 바르네스, 리사 브랜저, 베티 혼즈, 조이스 허치슨, 마크 린달, 조안 맥린, 디 말레나폴스키, 마이크 폴로스키, 진 스미쓰, 캐티 탈라리코, 비키 반더콱 등의 기도꾼들에게 진심으로 감사를 드립니다.

책을 발간하기에 앞서 원고를 다듬는 작업을 함께 하면서 세심하며 전적인 도움을 주신 발행인 프랭크 커닝햄, 편집장 로버트 함마, 화가 제인 피츠께도 큰 감사를 드립니다. 또한 저는 이 책이 나오기까지 무대 뒤에서 일하신 모든 분들을 잘 알고 있습니다. 이 책은 아베 마리아 출판사에서 내는 저의 네 번째 책인데요, 출판사가 어찌나 효과적이며 주의 깊게 판매와 발송 작업을 하는지 늘 놀라울 따름입니다.

저를 낳아주신 어머니, 힐다 월버딩 럽이 안 계셨다면 이 책은 나오지 못했습니다. 제 어머니가 지니신 삶에 대한 열정과 하루를 대하시는 어머니의 긍정적인 모습은 저에게 새로운 힘을 북돋워주는 신기한 근원이었습니다.

책에 생명을 불어넣어주신 모든 분들을 생각하면서 저의 인생길 가까이에서 늘 함께 걸어준 분들을 감사하는 마음으로 새삼 떠올립니다. 제 친구들, 가족, 특히 제가 속한 공동체인 마리아의 종 식구들… 그분들의 덕택으로 저의 축복의 잔이 철철 넘치고 있습니다.

서문

내적인 여행의 상징으로서 컵을 사용하는 방법에 대해 깊이 생각하기 시작한 날이 선명하게 기억이 납니다. 윈저 하이츠 루터교회에서 공동목회를 하고 계신 두 분과 정기적인 주간 기도 모임이 있던 어느 수요일 아침의 일이었어요. 그 뜻 깊었던 날, 노옴 목사님은 딕 목사님과 저에게 기도할 때 빈 머그잔을 가져와 보라고 했었지요. 우리가 자리에 앉자, 노옴 목사님은 컵을 손에 들고 자세히 그 안을 들여다보고, 영성생활에 대해서도 깊이 생각해보라고 제안을 하셨습니다. 바로 그 순간, 컵이 가진 상징이 나의 더 깊은 내면을 똑바로 직시하게 만들었어요.

신기한 일이 벌어졌습니다. 내가 빈 잔을 들여다보자 갑자기 눈에 눈물이 고이기 시작했습니다. 도대체 왜 이럴까? 왜 이토록 큰 슬픔이 날 에워싸는 걸까? 이 깊은 슬픔은 어디서 오는 걸까? 흐르는 눈물을 애써 참아가며 빈 잔을 들여다보는 순간, 생각보다 훨씬 영적으로 황폐해져 있는 제 자신을 발견하게 됐습니다. 빈 잔을 들여다 보면서 텅 비어 있는 제 자신 속을 들여다보는 것만 같았습니다.

그 순간 이후로 컵은 내 영성에 강력한 스승이 되었습니다. 컵이라는 일상적인 물건이 평범하기 짝이 없는 일상의 틈 사이에서 저에게 영적 변화를 일으켜 주곤 했으니까요. 컵은 성숙해지는 내면의 과정을 상징하는 참으로 적절한 이미지였으며, 내게 영적 목마름을 상기시켜주곤 했습니다. 컵을 들고, 채우고, 마시고, 비우고, 씻으며 저는 하느님을 향한 목마름이 해소되는 인간적인 경험을 하게 되었고, 컵 속에서 인생의 비움과 채움, 깨어짐과 흠, 복을 볼 수 있었습니다.

컵은 무엇인가를 담는 용기입니다. 무엇을 담거나 결국은 비워내야 다른 것을 더 담게 되는 컵. 인생이 언제나 가득 차 있기만 바랄 수 없다는 것을 배웠습니다. 새로운 걸 받아 담기 위해서는 반드시 그 전에 안에 든 내용물을 쏟아 버려야 하잖아요. 영적 여행도 이처럼 채우고, 주고받으며, 받아들이고 떠나보내기를 반복합니다.

컵은 저의 영성이 성숙해지는 데 무척 소중한 교훈들을 남겼습니다. 버려야 할 퀴퀴한 것들을 내가 여전히 움켜쥔 채로 살아가고 있는 것 같았으며, 간혹 깨어진 잔처럼 상처 난 인생을 산다는 느낌도 들었습니다. 늘상 쓰는 컵들이 그렇듯이 깨진 데와 얼룩과 흠집이 파여 있는 내 인생의 그 얼룩과 깨진 것들은 삶이라는 여행을 잘 헤쳐 나왔다는 흔적을 의미하며 또한 이웃과 나눌 소중한 것들이 틀림없음을 깨닫게 되었습니다. 내 인생의 잔에 담긴 내용물은 관대한 자비로 끝없이 주어지는 것이므로 또한 끝없이 나눠야 하는 것이기도 함을 배웠습니다. 컵의 존재 목적은 담고 있는 내용물을 따라 내어주는 것이니까요. 예상치 못한 일이 축복의 잔으로 탈바꿈해서 돌아오던 그 모든 순간에 특별히 감사하는 법을 배웠습니다.

컵의 가장자리를 한번 보세요. 둥글지요. 시작도 끝도 없는 온전함의 상징입니다. 원 안에서 모든 것은 하나로 연결되어 있습니다. 영적인 생활도 온전함을 향해 가는 우리의 여행입니다. 우리의 소망인 성숙한 인간으로 하루 또 하루 지속적으로 움직여가는 여행. 컵의 둥근 가장자리는 날마다 저에게 온전함과 상호의존의 꿈을 잃지 않게 해줍니다.

하느님 한 분과 일치를 이루고자 하는 꿈이 〈내 인생의 잔〉의 기초가 되었습니다. 6주 동안 컵의 다양한 면에 집중을 하며 이 책의 안내를 받으면서, 하느님과 여러분의 관계가 더 성숙해지고, 여러분의 인생의 잔이 더욱 풍요롭게 넘쳐흐르기를 바랍니다.

여행을 떠나면서

영적 삶은 변화를 위한 여행입니다. 컵을 가지고 기도를 해 보면 여러분도 틀림없이 성숙하고 있음을 느끼실 겁니다. 미미하게 감지될 수도 있고 현저하게 느낄 수도 있지요. 6주 동안 어떤 목표를 세우지는 마세요. 단순하게 하느님 품속에 안겨서 마음을 열어두기만 하셔요. 불안해질 때도 있겠고 전보다 더 강하게 하느님 안에 깊이 뿌리내린 존재라는 느낌을 받을 수도 있을 겁니다. 낭떠러지에 이르렀다는 느낌도 있을 겁니다. 만약 이런 느낌이 들더라도 낭떠러지를 피하지는 마셔요.

6주 동안 기도하면서 컵이 영적 성장을 도와줄 하나의 은유로서 곁을 지켜주고 있다는 점만은 잊지 마시길 바랍니다. 저는 여러분이 이 기간 동안 거룩한 분과 더 활기차고 풍부한 관계를 맺을 수 있기만을 바랍니다. 여유 있게 느린 걸음으로 한 주간을 따라가십시오. 일

주일을 한 달로 삼아도 무방합니다. 컵과 하는 여행의 가장 깊은 의미는 하느님께 다가가려는 강한 의지입니다.

이 책을 사용하는 최선의 방법은 없습니다. 자신만의 목적과 영성을 따르는 것이 유일한 최선입니다. 여러분을 위해서 아래에 몇 가지 제안을 하긴 했지만, 그것 역시 여러분 내면의 상태에 맞게 선택하시면 됩니다. 자기에게 최적인 방법으로 기도하는 것이 중요합니다. 예를 들면, 야행성 사람이면 아침시간보다 기도시간을 늦은 밤으로 정하시면 됩니다. 호흡에 집중하는 일이 여러분 영적 수행의 목적이 아니라면 '호흡기도'가 도움이 아니라 분산이 될 겁니다.

여러분 내부에서 야기되는 생각과 욕구와 감정의 결에 귀를 기울이도록 하셔요. 자기 안에 머물고 계신 하느님을 신뢰하면 그분께서 인도하실 겁니다. 제안한 기도들을 변경해도 되고 넘어가서도 됩니다. 나만의 영적 체험을 의심하지 마시구요. 내가 한 기도들과 여러분의 통찰력과 느낌들이 충돌할 수도 있습니다. 다만 "나의 잔을 지키시는 분"을 신뢰하며 그분의 안내와 도움을 받으시길 바랍니다.

기도의 시간과 장소

매일 기도하게 될 장소와 시간을 찾아보셔요. 새 기운이 솟아나는 상쾌한 아침이 바람직하겠지요. 혼자 산다면 장소를 찾는 건 비교적 수월할 거예요. 다른 한 사람과만 더 살아도 장소 물색이 쉽지 않을 겁니다. 열심히 찾아내고 정한 다음엔 그 장소를 고집하시길. 이 내면에로의 여행에서 고독과 고요함은 필수품이기 때문입니다.

성스러운 장소를 고르는 일은 여러분 자신만의 유일한 요구입니다. 내가 아는 어떤 분은 세탁실을 기도 장소로 고르셨다더군요. 많은 사람들이 침대 한 구석을 좋아하셔요. 사무실과 밀실로 정하기도 합니다. 어디든지 한 곳을 정하면 성스러운 곳이 됩니다. 탁자나 작은 박스, 등받이 없는 걸상에 컵과 초와 영적 생활을 대변할 무엇이든지 따로 구별해서 놓습니다. 그것을 여러분 앞에 두거나 매일 의자 곁에 놔두셔요.

여러분이 하루에 이십여 분 동안 기도하는 시간을 떼놓기를 바랍니다. 그것은 TV 시청, 전화 통화, 신문 읽기 등의 시간을 줄이고, 심지어 한 끼 금식을 하면서 영적 생활을 위해 선택과 집중을 하려는 것이지요. 그러나 죄책감에 빠져 고행을 하라는 뜻은 아닙니다. 하루 치를 다 마치고 싶지 않은 날이 있으면 기도를 처음부터 다시 시작해도 되고, 다음 날 계속해도 됩니다.

자기가 느끼는 것이 무엇인지를 알아차리고, 또 어디서든 자기 자신에게 깨어 있는 일이 중요합니다. 더 열심을 내는 날이 있는가 하면, 왜 이걸 계속하고 있는지 의구심이 들 때도 있습니다. 어리석고 허무하고 의심스럽고 스트레스로 느껴지는 날에 민감해지셔요. 성장의 씨앗이 배태되는 순간들이 흔히 그러니까요.

절망감과 함께 기도하고 싶은 마음, 훈련, 시간들이 그저 다 어렵게만 느껴지는 사람이 비단 여러분뿐일까요. 침묵 대신 번잡함, 고요함 대신 활동, 내성적 경향 대신 외향성을 권하는 사회가 우리가 살고 있는 세상이 아닙니까. 저와 이 책으로 기도하셨던 분들 대부분은 매일 정해놓은 '침묵 기도 시간'에 충실하기 위해서 이 시간을 마치 투쟁을 하듯이 '시운전'을 하셨습니다. 여섯 주를 마치시고 나서 모두 그 시간이 소중한 시간이었다고 했습니다. 변화를 느끼신 거지요. 하느님을 향한 깨달음과 열망이 한층 더 깊어지게 되었고, 일상적 영성 수행을 지속하고 싶은 열망이 그분들 안에 새로이 생성된 것입니다.

다른 이들과 만남

매주 기도 시간을 가지고 나면 그 주간 동안에 일어났던 일을 함께 모여서 대화를 나누며 종합해보고 축하하고 싶은 짝이나 소모임을 원하게 됩니다. 이런 만남들을 촉진시키기 위해서 책 뒤에 "그룹 모임"이라는 장을 따로 마련해서 모임의 과정, 의식, 자료 등을 첨부했습니다.

날마다 생명의 잔을 채우기 위한 방법 몇 가지

1) 기도

그날을 위한 주제로 쓰인 "여는 글"을 읽음으로써 시작합니다. 그리고 자기의 기도를 만듭니다. 기도는 내적 방향을 정해줍니다. 그것은 보통 그날의 주제에서 나옵니다. "나는 오늘 당신의 사랑에 대해서 배우기를 원합니다." 혹은 "내 삶의 쓰레기더미를 발견하고 싶습니다.", "당신의 길을 가르쳐주세요", "제가 자비로워질 수 있게 해주세요."처럼 간략한 말을 하며 기도를 드립니다. 그 다음엔 "오늘의 묵상"으로 넘어갑니다.

2) 호흡기도

"오늘의 묵상"에는 호흡기도가 있습니다. 호흡기도를 할 때 시간을 정할 필요는 없습니다. 원하는 만큼 기도할 수 있습니다. 여러 종교 전통들은 주의 깊은 호흡이 내면세계로 집중하는 일을 돕는다고 가르칩니다.

편안하고 규칙적인 속도로 세심하고 주의 깊은 호흡을 하게 되면 분주했던 우리 몸과 마음은 느려지면서 안정이 되지요. 호흡을 할 때는 척추를 똑바로 곧추세우고 바로 앉아서 합니다.

숨을 들이쉴 땐 단어 한 개나 간단한 구절을 말하고, 숨을 내쉬면서 다른 단어나 구절을 말합니다. 컵을 채우고 비우는 행위가 삶을 채우고 비우는 행위의 상징입니다. (숨을 처음 들이마시는 것은 탄생을 상징하고... 마지막으로 내쉬는 숨은 죽음을...)

처음에는 이 호흡이 조금 어색하고 의미도 없게 느껴지지만, 매일 연습해 나가다 보면 점차 하느님과 일치되는 구별된 시간 속으로 들어가는 데 도움을 줄 겁니다.

3) 묵상

"오늘의 묵상"의 이 부분에서 여러분은 컵을 사용하게 됩니다. 기도하는 마음으로 영적인 길과 컵 사이를 연결하는 때가 바로 이때입니다. 6주 동안 여러분의 '제대' 위에 컵을 놓고 기도할 때마다 사용하세요. 컵이 당신의 신성한 그릇이 될 것입니다.

4) 성서

한두 구절의 성서만 참조토록 했습니다. 여러분이 스스로 의미를 찾고 뜻을 음미하시도록. 주님의 말씀에서 뽑아낸 짧은 성구들은 영적으로는 영양분이 가득 차 있는 구절들입니다. 넓은 문맥 속에서 성서 본문을 더 읽고 싶으면 전체 구절을 읽으셔도 무방합니다.

5) 영성 일기 쓰기

여러분은 자신을 작가로 생각하진 않으시겠지요? 간단하게나마 날마다 영성 일기에 자기가 했던 침묵 기도를 써보고, 그려보고, 색칠을 하다 보면, 어느새 열매를 거두게 됩니다. 질문이나 제안들이 있더라도 그걸 꼭 적을 필요는 없습니다. 문법이나 철자가 틀린다 하더라도 뭐 그리 대수인가요? 여러분이 쓴 일기의 독자는 여러분 자신이니까요.

영성 일기는 겪은 일들을 기록하고 보존하는 수단으로서 훗날 지금을 되돌아보고 성찰케 도와줍니다. 한 주가 끝나 다른 사람들과 모임을 가지게 됐을 때 영성 일기를 써 둔 것이 얼마나 유용한지 특별히 깨닫게 됩니다. 영성 일기를 다시 읽어 보면 시간이 모이게 될 겁니다. 일기를 쓰는 또 다른 장점은 놓칠 수 있는 순간적 통찰과 감정이 나중에 새삼스레 떠오를 수 있기 때문입니다. 써가는 과정에서 우리는 보다 더 큰 의식, 보다 더 맑은 투명성, 보다 더 넓은 시각을 확보하게 됩니다.

6) 연결

"오늘의 다짐"에서 그날의 기도로 인도하는 하나의 안이 제시될 겁니다. 바빠서 정신이 없었던 날은 잊었더라도 실망하지 마셔요. 그러나 저는 하루에 한번 종합/성찰하는 수고가 여러분이 날마다 맺고 있는 관계들과 하루 업무에 한층 더한 풍요로움과 생동감을 준다는 말씀은 드리고 싶네요.

7) 종합하는 일

　일곱 번째 날은 아무것도 안 하는 안식일임을 기억하시겠지요? 이 날은 한 주간을 깊이 성찰해보는 날입니다. 무슨 일이 있었는지, 지난 6일 동안 있었던 일들 가운데 배운 점은 무엇이었는지 깊이 생각해보고 점검해보는 날입니다.
　일곱 번째 날은 영적인 게으름을 피우는 날이지요. 그리고 지난 기도 시간 중에 경험했던 모든 것을 축하하는 날이기도 하구요. 마음껏 즐기도록 하셔요.

도와주는 네 가지 "신호들"

　'영적인 삶'은 기도하는 시간과 장소를 제한하는 것이 아니라 우리 삶의 온갖 것들과 실존적인 순간순간들을 그 안에 포함시킵니다. 하느님은 우리 삶 속에서 항상 일어나고 있는 사건입니다. 우리는 이 관계에 계속해서 양분을 주고 회복시키고 새롭게 해야만 합니다.
　날마다 영적인 수행을 함으로써 우리의 내적 안테나를 하느님을 발견할 수 있도록 하루 온종일 총력을 기울여야 합니다. 거르지 않고 정해진 시간에 드리는 기도 생활은 우리를 영적으로 깨어 있게 해주며, 맺고 있는 관계들에 집중하게 합니다. 또한 우리가 하는 일뿐 아니라 일어나는 모든 일에까지 집중하게 합니다. 커피를 마시면 정신이

번쩍 드는 것과 마찬가지로 묵상기도 시간은 하느님이 모든 순간 우리와 어떻게 동행하고 계시는지 우리로 하여금 깨어 있게 하지요.

우리가 선택한 성스러운 자리에 앉아서, 정해진 기도 시간을 지켜, 하느님과 함께 할 수 있다는 것이 중요합니다. 우리는 그 자리를 지켜내야 합니다. 나는 기도에 대한 열정과 에너지를 잃었던 한 신부님을 안내했던 적이 있습니다. 그토록 힘겨운 나날 동안 그분은 무엇을 어떻게 기도해야 할지 몰랐습니다. 그분이 믿고 있던 것은 일상적인 영성모임에 '나가서', '솔직해지는' 것뿐이었다고 합니다. 솔직해지는 것과 한결같이 모임에 출석한 것이 그분 영성에 변화를 가져왔지요. 여러분께도 같은 일이 일어나곤 합니다.

아래에 네 가지 신속한 조언을 소개하오니 참고하셔요.
깨어나기(wake up): 깨어서 마음을 열고 받아들일 준비하기
참석하기(show up): 어느 곳에나 참석할 수 있는 연습하기
흔들기(shake up): 내면의 시각을 흔들어서 정리하기
시작하기(start up): 움직이기. 하느님과 맺은 관계를 자기 삶과 연결시켜 삶에 변화를 일으키기.

내면에 계신 하느님의 현존을 굳게 신뢰하면서 이 여행을 시작하길 바랍니다. 이제부터 여러분의 여행길은 하느님의 지혜와 인도를 계속 받게 되실 것입니다. 확신을 가지시기를 바랍니다.

저녁의 성찰

아래에 소개하는 간단한 성찰 방법은 여러분이 보낸 하루를 온전하게 맺기 위한 겁니다. 매일 저녁, 침대에 눕기 전, 혹은 잠옷으로 갈아입기 전, 아니면 침대에 누운 후 그날 하루를 묵상해봅니다.

1. 오늘, 하느님의 임재에 어떻게 마음을 열어 깨어 있었는가?
2. 오늘은 어떤 내적 자양분을 받고, 또 주었는가?
3. 오늘밤, 내가 평화롭기 위해 버려야 할 것은 무엇인가?
4. 잠들기 전에 하느님께 무엇을 감사드릴까?

아래의 기도로 끝을 맺든가, 아니면 드리고 싶은 기도를 드려도 됩니다.

거룩하신 친구,
당신의 사랑의 날개 아래 저를 품어 주세요.
저에게 평화로운 밤과 단잠을 내려주세요. 아멘.

잔을 선택하기

시작하기 전에

앞으로 6주 동안 영적 수행을 하기 위해 사용할 컵 하나를 신중하게 고릅니다. 선택한 컵에 다음의 축복 기도를 합니다.

복을 내리소서, 이 잔에

생명의 근원이 되시고, 풍성한 사랑을 내리시는 분,
신실한 친구시며, 영원한 지혜시여!
이 잔과 저에게 복을 내리소서.
이 잔과 더불어 날마다 당신께 기도드릴 때
저를 깨끗케 하소서.
이 잔이 나의 스승이 되게 하시고, 제가
당신께 이르는 길을 찾아갈 수 있도록 이끌어주소서.
이 잔이 당신의 지혜와 위로를 담아
생명들과 잇닿게 하소서.
제 안에 넉넉함과 고결함이 고이게 하소서.
특별히 이 잔으로 하여금 저를 당신께 더 가까이 다가가
당신과 사랑의 일치를 이루게 하소서.

'하느님'이라는 호칭에 대한 양해를 구하며

신적인 임재를 우리가 어떻게 불러야 할까요? 어떤 이미지로 부르는 것이 우리에게 편안한가요? 사람들과 기도하게 될 때 저에게 가장 곤란한 점 하나가 바로 '신을 부르는' 호칭입니다.

내가 인식하고 경험한 의미심장한 나만의 신을 호명할 때 그것은 다른 사람들이 갈망하여 부르고 싶은 이름과 사뭇 다르기 때문입니다. 어떤 이에겐 남성적 은유인 '아버지'나 '주님'이, 또 어떤 이에겐 여성적 은유인 '어머니' 혹은 '지혜'가 보다 친밀한 느낌을 줄 것입니다. '예수님'이라고 지속적으로 부르길 선호하는 사람들이 있는가 하면, '높은 힘'이라는 훨씬 보편적인 상징으로 부르고 싶어 하는 사람들도 있습니다.

신성한 존재에 대한 호칭은 참으로 다양하기에 이 책에서는 평소에 제가 '하느님'이라고 부르던 대로 '하느님'이라고 부르고자 합니다. 〈오늘의 묵상〉에서 그 신적인 존재를 지칭할 때엔 다양한 이미지를 사용하려는 시도를 했습니다. '하느님'이라고 부르는 것이 적합지 않게 느껴진다거나, 자신의 영적 수행에 방해가 된다고 생각하신다면 자신이 선호하는 이름으로 기꺼이 바꿔 부르시기를 권합니다.

첫째 주

생명의 잔

생명의 잔

1일: 생명의 잔
2일: 하느님의 현존이 담긴 그릇
3일: 사랑의 기운을 담은 큰 그릇
4일: 잔의 테두리
5일: 스승으로서의 잔
6일: 채우고 싶은 갈망
7일: 종합/성찰

이번 주간의 묵상

그대에게 '사랑하는 이여!' 하고 부르는 소리에 온 마음으로 귀를 기울이면 그 소리를 더 오래, 더 깊게 듣고 싶은 열망이 일어납니다.

— 헨리 나우엔

내가 여덟 살 무렵, 우리는 아름다운 농가에서 살았는데, 학교에서 집에 돌아오면 언니들처럼 나도 집안의 허드렛일을 도와야만 했어요. 내가 하는 일이란 고작해야 닭에게 모이를 주거나 닭장에서 계란을 꺼내오는 일이었지만 그런 일들은 별로 재미가 없었습니다. 나는 넓은 들판을 마음껏 쏘다니다가 시냇가에 내려가 올챙이들이 꼬리치고 노는 걸 실컷 들여다보고 싶었고, 송사리를 잡으며 시간가는 줄 모르게 놀고만 싶었습니다.

그런데 갑자기 모든 게 변해버렸습니다. 나를 친구로 삼아준다는 아무도 모르는 비밀 친구가 있다는 얘기를 듣고 났기 때문이었어요. 비밀 친구는 시골집에서 내가 매일 시시한 일을 하는 동안에도 저를 지켜보고 있다는 사실을 그 무렵 알게 됐습니다. 내 가슴 한구석 깊은 곳에 계신 하느님이라고 불리는 사랑의 존재는 나를 몹시도 사랑하기 때문에 절대로 나를 버리지 않을 거라는 얘기도 들었습니다. 어느 여선생님이 '하느님과 사귐'에 대해서 말씀해 주셨던 무렵이 바로 그 무렵이었거든요. 선생님은 내 안에 하느님을 늘 모시고 다니기 때문에 외로울 일이 전혀 없을 거라도 하셨습니다. 어린 저는 그 분의 말을 전적으로 신뢰할 수밖에 없었지요. 그때부터 저는 비밀 친구와 이야기를 나누기 시작했어요, 끝도 없이... 학교에서 집으로 돌아오는 길에, 닭에게 모이를 주고 계란을 꺼내오고 들판에서 뛰어노는 그 모든 순간들 내내... 저에게 그 '특별한 누군가'와 함께하는 순간이 시작된 것입니다.

어른이 되어 가면서 이 내면의 존재는 나를 보호하고 위로하는 역동적인 힘의 근원으로 점차 인식되어 갔습니다. 내 안에 계신 하느님은 아무 조건 없이 완전하게 나를 사랑하고 있다는 뿌리 깊은 신뢰가 생기기 시작했어요. 그때부터 나는 하느님의 형상을 담고 있는 그릇이라는 믿음을 갖게 되었으며 지금까지 변함없는 이 믿음으로 용기와 위로를 받으며 살고 있답니다. 겸손하고 신성한 존재가 내 안에 거처를 마련해서 머물고 계시다니! 이 느낌이야말로 저에게 생기를 넘치게 주는 동시에 저를 변화시키는 씨앗입니다.

　내 안에 살아 계신 하느님이 깨달아질수록 이 거룩한 존재를 알고 싶은 마음에 언제나 목이 마르곤 했습니다. 채우고 또 채워도 바닥이 없는 잔과 같았다고 할까요? 그런데 신기하게도 하느님과 일치되어 가는 나의 능력도 점점 커지는 것 같았습니다. 나를 향한 하느님의 사랑의 깊이와 넓이를 알게 될수록(내 잔이 넘칠수록), 하느님을 향한 목마름도 점점 타오르게 되었습니다.(여전히 채울 공간이 남은 잔이 저한테 주어졌음을 깨닫게 됩니다.)

　영적 생활이란 하느님과 동행하는 건강하며 생기가 넘치는 삶을 의미합니다. 인생의 뿌리와 원천은 바로 하느님과 맺는 이 '관계'에서 비롯됩니다. 여기에는 내적으로 벌이는 분투와 굽은 길 혹은 눈에 안 보이는 모퉁이들이 숨어 있지만 그 중심엔 깊고 강한 유대감이 흐르고 있습니다. 이 깊고도 강한 유대감이 나의 내면에 양분을 주고, 삶의 구석구석에 역동성과 싱싱한 생명력을 주어 저를 살찌우고 있습니다.

　우리들 각자는 거룩한 분이 머무는 하나의 신전들입니다. 그건 우리 모두 저마다의 내면에 영적 잠재력을 품고 있기에 곧 싹을 틔우게 될 겨자씨만큼 작은 씨앗에조차 영향을 끼칠 수 있다는 뜻이지요. 우리의 최우선적 역할은 이 내면을 정성을 다해 돌보고 성숙시키고 또 번성시키는 것이라고 생각합니다. 내면의 영적 생명이 혹시 저희들이 사랑의 수고를 하는 동안 바닥을 드러내며 고갈돼 버렸다면 그 빈 잔을 다시 채워야만 합니다. 나중에 어딘가에 아낌없이 따라내 줄 수 있도록.

　컵이 테두리를 가졌듯이 우리도 삶을 절제해야 합니다. 알맹이 없는 번잡한 활동을 쳇바퀴처럼 하는 데에 자기 넋을 몽땅 빼앗겨 버릴 수는 없지 않을까요.

이번 주는 하느님과 우리가 맺은 '관계'에 대해 묵상해보는 주간입니다. 내 안에 계신 이 아름다운 분을 마음껏 축하하고, 내 영혼을 통해 흘러넘치는 그분의 경이로움에 감사를 드리면서…

작은 그릇 하나가
고독 속의 나에게
말을 걸어오네요,
스승이며 지혜의 전달자가 되어

내 영혼 그릇 안에
거하시는 주님의
진실을 속삭이며

채워진 나의 숨은 힘에
귀 기울이게 하고
풍성한 삶에서
따라내어 나누게 하고
내 안에 성스러운 곳을
살찌우기 위해
필요하면 한계를 정하라고
일러주네요

나의 영적 목마름을
풀어주는 거룩한 샘에 와
목을 축이고 가라고
저를 가끔씩 초대도 하네요

흙 속에 묻힌
한 알의 밀알이 되라고
저를 부르기도 하며

지금 여기 있는
힘과 희망을
믿으라며
믿으라며
믿으라며
   - 조이스 럽

1일

생명의 잔

> 그대는 사랑의 노래
> 음악이 될 아름다움
> 그대는 사랑의 노래
> 나, 그대를 택했노라
>
> — 데레사 홋칼

    11월의 어느 쌀쌀했던 날 밤, 이태리 태생의 아름다운 내 친구 어머니가 돌아가셔서 그분을 애도하기 위해 몇 사람이 모였습니다. 그분을 사랑했던 지인들이 모여서 그랬을까요, 그분을 잃은 아픔이 왠지 조금 가라앉는 느낌이 문득 들더군요. 방안에 드리웠던 슬픔이 갑자기 사랑의 빛으로 바뀌는 이상한 순간을 경험했습니다. "그대는 사랑의 노래"라는 노래가 어디에선가 들려왔는데 나에게도 마침 그 비슷한 느낌이 밀려들었던 순간이었어요. 거기 모인 우리는 어머니의 생전의 모습을 회상하면서 그분과 연을 맺었던 사람들에겐 어머님은 말 그대로 하느님 "사랑의 노래"였음을 인정하지 않을 수 없었습니다. 그분은 그분을 알던 모든 이에겐 정말 "생명의 잔"이셨지요. 뭐 대단

한 일을 하셔서가 아니라 평소에 보통 사람들이 누구나 애쓰며 수고하는 그런 단순한 일들을 하신 거지요. 그렇더라도 그분은 누구나와 같은 평범한 일상 속에서 자기만의 비범한 "사랑 노래"를 부르셨던 겁니다.

자기를 하느님의 "사랑 노래"라고 믿는다는 건 무엇을 의미할까요? 그 사실이 우리를 어떤 모습으로 변화시킬까요? 스스로를 사랑스러운 존재라고 여기는 영성이야말로 건강한 영성일 터인데 그것이 그리 쉬운 일은 아닌 듯합니다. "생명의 잔"이 가르쳐줍니다. 잔을 세상에 둘이 아닌 자기 자신만의 모습으로 상징해보십시다. 가지각색 커피잔과 찻잔도 나름대로 특별한 모양과 크기와 "특이한 점"을 가지고 있듯이 우리도 어느 누구와 비교할 수 없는 자기만의 독특한 빛깔의 "개성"을 가지고 있지요. 신체적으로 심리적으로 영적으로 우리는 아무와도 비교될 수 없습니다. 마시는 사람에 따라 잔이 고유한 색깔과 모양을 바꾸지 못하는 것처럼, 타인의 몸, 영성, 개성이 내 것으로 될 수는 없습니다. 사용하는 사람에게 잔은 그 자체로 말할 수 없이 소중한 존재입니다.

또 우리에겐 자기의 영성보다 타인의 영성을 탐내는 경향이 자주 있습니다. 나를 위한 하느님의 사랑을 깨닫게 될수록 있는 그대로의 고유한 나를 인정하게 되며, 나만의 유일한 영성의 길을 개성 있게 펼쳐나갈 수 있게 됩니다. 하느님은 사랑으로 창조하셨습니다. 우리 모두를. 음악으로 울려 퍼지게 될 그분의 아름다움이 우리 자신이며, 세상을 변화시킬 그분 사랑의 빛이 우리 자신입니다.

만약 자기를 향한 경외심과 고마움 그리고 연민이 우러나지 않는다면 오늘부터 우리는 스스로를 신뢰하려고 노력해야 합니다. "나는 하느님 사랑 노래다, 선함으로 넘치는 잔이다, 그러기에 나는 이웃에게 생기를 주고 있다."라고 스스로 깨달을 수 있도록 하느님께 도움을 청해봅시다.

〈오늘의 묵상〉

호흡기도
  숨을 들이쉬며: 나는...
  숨을 내쉬며: ... 하나의 사랑 노래

묵상
  두 손으로 컵을 듭니다.
  컵의 스타일, 모양, 색, 크기 등을 주의해서 봅니다.
  하느님 손 안에 들린 자기를 의식합니다.
  둘도 없는 나와 나의 선량함을 인정합니다.
  저를 지금 제 모습으로 창조해주신 분께 감사드립니다.

성서: 이사야 43:1-7
  내가 너의 이름을 불렀으니 너는 나의 것... 내 눈에 너는 보배롭고 존귀하여 너를 사랑한다.(사 43:1, 4)

영성 일기 (하나 혹은 더 이상 선택해서)

지금 있는 그대로의 나를 무조건 사랑하는 하느님을 생각할 때, 나는 …

영적 인도를 받으며 앞으로 6주 동안 기도를 드릴 때 내가 가장 원하는 일은 …

자비하신 주님 … (편지, 노래, 시편, 시 등을 주님께)

기도

거룩하신 창조주, 제가 당신을 바라봅니다.
저를 이렇게 빚어 주셔서 고맙습니다.
저는 생명의 잔입니다.
제 안엔 사랑이, 착함이 있습니다.
오늘 제 영혼 안에서 울리는
당신의 음악소리를 듣게 하시고,
세상에서 둘도 없는 나를 생각하며 감사하게 하소서.
나의 가치를 의심하지 말게 하소서.
나의 소중함에 의문을 품지 않게 하소서.
내가 누구인지를 알고, 인정케 하소서.
저는 당신의 사람입니다.
저로 하여금 제 둘레에 생명을 가져 오게 하소서.

오늘의 다짐

오늘, 저는 이웃에게 사랑의 노래가 되겠습니다.

2일

하느님의 현존이 담긴 그릇

> 당신은 모든 생명의 근원이 머무는 피난처입니다.
> — 마크리나 비더케어

내가 참 좋아하는 순간이 있습니다. 새벽 산책을 다녀와서 뜨거운 김이 모락모락 피어오르는 갓 내린 신선하고 향긋한 커피 한 잔을 마실 때가 그때입니다. 날씨가 쌀쌀한 겨울날이면 내 손 안에 든 머그잔은 더 따뜻하게 느껴집니다. 그래서 저는 몸 안으로 흘러드는 커피의 온기를 반기듯이, 온전한 즐거움을 누리며 한 모금씩 한 모금씩 천천히 마신답니다.

잔이란 무릇 신선한 무엇을 담는 용기임을 새삼 깨우쳐주는 나의 머그잔. 우리들도 하느님의 현존을 담는 그릇이라는 것을 가르쳐주는 머그잔. 저는 하느님이 우리 안에 살아 계신다고 믿고 있기 때문에 나 스스로를 언약의 작은 방주라고 생각하곤 합니다. 어디를 가더라도 하느님은 나와 함께 다니십니다. 나의 모든 인연과 관계에, 나의 모든 경험 속에 하느님이 계십니다. 제 신앙이 보통이 아닌가요?

하느님을 어떻게 이해하고 체험하는지에 따라 우리 영성이 형성

됩니다. 하느님은 대체 어떤 분이실까요? 우리는 하느님을 어디에서 만나고 있나요? 히브리 성서에는 하느님은 어디에나 계신, 그래서 거기가 어디일지라도 자기의 백성을 부르시는 무소부재하신 분으로 묘사되고 있습니다. 신약성경엔 더욱 의미심장한 내용이 첨가돼 있지요. 그 무소부재하신 하느님이 우리들 모두의 내면에 당신의 집을 지으셨다는... 예수님이 "너희 안에 나의 집을 지어라"라고 말씀하신 것이죠. 식물이 모든 기관을 통해 자신의 생명력을 위로 상승시키듯이 하느님의 생명의 기운도 우리라는 존재를 통해 위로 상승된다고 예수님은 포도나무와 가지라는 은유를 들어 강조하십니다. 하느님은 우리 밖에 떨어져 계신 분이 아니라 지금 이 순간, 바로 여기에, 우리 안에 우리와 함께 계신 분이라는 뜻이겠지요. 예수의 영이 우리 몸이라는 집 안에 머무신다니 이제 우리가 바로 하느님의 집이 된 것입니다.

처리해야 할 일들이 빼곡히 적힌 목록들을 하나하나 체크해가면서 밀린 '잡무'들을 시간가는 줄 모르게 처리하다 보면, 내가 정말 하느님의 집이라는 사실을 까맣게 잊고 맙니다. 나를 둘러싼 주변의 아름다움을 느끼는 감수성도 경외감도 다 잃어버리곤 하지요. 그러나 나의 가슴 속에, 내가 만나는 사람들의 가슴 속에 하느님이 오셔서 집을 짓고 살고 계신다는 상상만 해도 모든 것이 현저하게 달라 보입니다. 사람들도 우리들의 인생도 그렇습니다. 참을성과 온유함은 깊어지고 사람을 향한 판단은 줄어듭니다.

오늘은 소란한 세상사에 휘둘렸던 혼란을 가다듬고 마음에 가라앉은 묵은 먼지도 훌훌 날려 보냅시다. 그리고 하느님과 떠나는 여행을 충분하게 즐길 수 있게끔 깨어 있어 봅시다.

〈오늘의 묵상〉

호흡기도
　숨을 들이쉬며: 한결같은 사랑…
　숨을 내쉬며: … 내 안에 계신

묵상
　두 손으로 빈 컵을 듭니다.
　컵에 남은 빈 공간을 들여다봅니다.
　내 안의 빈 공간도 들여다봅니다.
　그 안을 신성한 존재로 가득 차게 합니다.
　이 사랑의 존재를 가까이 대면합니다.
　나의 전 존재에 스며든 이 사랑의 존재를 감지합니다.
　침묵과 평정 속에 가만히 머뭅니다.
　나에게 말을 걸어오시는 하느님께 귀 기울입니다.
　"내가 여기에 있노라."

성서: 요한 15:11 혹은 고린도전서 3:1-17
　내 안에 머물러 있어라. 그리하면 나도 너희 안에 머물러 있겠다.(요한 15:4)
　여러분은 하느님의 성전이며, 하느님의 성령이 여러분 안에 계신다는 것을 알지 못합니까?(고전 3:16)

영성 일기

어떤 때 내 안에 계신 하느님에 대해 가장 깨어 있는가... 나와 다른 사람 안에 계신 성스러운 존재를 묵상할 때 내가 바라는 것은...

아, 하느님...

기도

오 거룩하신 분,
당신은 저의 제일 깊은 속으로 춤추며 들어오셨네요.
오, 신비한 생명이신 당신,
한결같은 사랑으로 저를 돌보시고 먹이시는 당신.
내 영혼을 풍요롭게 하시고 내 메마름에 물기를 주시는 당신. 풍성한 사랑을 내 영혼의 혈관에 흘러들게 하시는 당신.
가장 어두운 영혼의 밤에도 사랑으로 저를 감싸주시는군요.
오 성스러운 분,
당신이 비춰주시는 밝고 빛나는 기운이 저를 에워쌉니다.
내 안에 계신 당신의 신성하고 깊은 생명의 신비에 저는 엎드려 절합니다.

오늘의 다짐

하루에도 몇 번씩 조용히 손을 가슴에 얹고 내 안에 계신 하느님의 은총을 기억합니다.

3일

사랑의 기운을 담은 큰 그릇

밤낮으로
내 안을 관통하는 생명의 물줄기가
세상 밖으로 흘러 나가 춤을 추네요.
그 아름다운 리듬들에 맞춰서.

― 라빈드라나드 타고르

영적인 성숙을 어떻게 해서든 이뤄내려고 내가 어떤 계획을 짜곤 했던지 기억이 나네요. 저는 성장을 이루고야 말겠다는 각오로 계획을 열심히 세우곤 했습니다. 나름 열심히 하면서도 걱정은 여전했고 갑작스런 불안이 엄습해 오곤 했지요. 어떻게든 "바르고 옳게" 성장하고 싶다는 마음이 굴뚝같아서 스스로 기분이 좋아질 성과를 내려고 애썼습니다. 영적 성숙이란 전적으로 나의 책임이라고 확신하고 있었던 것이지요. 그때는 영적 도약이 내 안에서 활기차게 움직이는 거룩한 영이라는 것을 간과했던 것입니다.

8일 동안 피정을 다녀온 후 이런 태도는 점차 변해 갔습니다. 피정 내내 깊은 슬럼프에 빠져 있었던 저는 기도도 할 수 없었고 하느님과 대면할 수도 없었습니다. 영적 통제력을 완전히 잃고 나서야 제가 얼마나 스스로의 내면을 통제하려고 했는지 고통스러울 정도로 자각하게 되었어요. 높고 깊은 절대적 사랑의 에너지가 나를 채울 때까진 나는 단지 빈 잔에 불과하다는 것을 그때 그 경험으로 알게 되었습니다. 그날 어인 일인지 영적 여행길이 편안해졌고 영적 강단도 더 튼실해지게 됐습니다.

개인적인 성장에는 자신의 노력이 어느 정도 필요합니다. 그 길을 가는 동안 분명 자기의 헌신이 필요하겠지만 우리는 **강제로** 자기의 성장을 이뤄낼 수 없습니다. 이 부분은 하느님의 영역입니다. 변화를 열망하는 일이 우리 몫이어서 우리는 열심히 "오늘의 묵상"을 수행할 테지만 변화를 이루기 위해서 혼자만의 수고로는 어떤 열매도 거두지 못합니다. 결국 빈손으로 그 자리에 고꾸라지게 될지도 모릅니다. 예수님께 다가가 예수님의 옷술을 만진 여인네가 예수님의 영적 치유력으로 병이 나았듯이 우리 역시 자기 삶을 관통하여 흐르는 깊고 높은 사랑의 힘으로써만 변화될 수 있습니다.

열심히 수행했으므로 어느 정도 성장해야 한다고 '결과'에만 초점을 맞춰 자꾸 조급해 하면 영적 성장이란 위험합니다. 기도의 응답에 사로잡혀 있을 때 혹은 자신이 어느 정도 성장을 이루었는지 알고 싶어질 땐, 에베소서 3장 20절을 읽어봅시다. 그 구절을 화두로 삼아 성찰을 해봅시다. 우리 안에서 일하시는 하느님은 우리의 기도를 우리의 상상 이상으로 풍성하게 들어 주신다는 믿음이 거기에 있습니다.

우리를 변화시켜 행동하게 만드는 힘과 능력은 모두 하느님께로부터 온다는 것을 생각해볼까요. 우리가 성장을 하고 있는지 아닌지 따위의 걱정은 그만두고요.

〈오늘의 묵상〉

호흡기도
  숨을 들이쉬며:...당신의 크신 힘
  숨을 내쉬며:... 저를 통해 움직이는

묵상
  두 손으로 컵을 듭니다.
  컵이 그릇임을 기억합니다.
  앞에 컵을 내려놓습니다.
  손목과 목에서 뛰는 맥박을 느껴봅니다.
  몸속에서 피가 펌프질하는 광경을 상상합니다.
  생명을 유지하고 성장할 수 있게 기운을 주는 피.
  눈을 감고 영혼을 가득 채워주시는 하느님을 느낍니다.
  내 안에서 뛰는 하느님의 생명을 그려봅니다.
  내 존재를 감싸는 하느님 사랑의 에너지를 반갑게 맞아들입니다.

성서: 고린도후서 4:5-12
  우리는 이 보물을 질그릇에 잘 간직하고 있습니다. 이 엄청난 능력은 하느님에게서 나는 것이지 우리에게서 나는 것이 아닙니

다.(고후 4:7)

영성 일기

내 안에서 나를 통해 일하시는 하느님의 크신 능력을 어떻게 알 수 있을까?

내 안을 관통하여 흐르는 사랑의 에너지를 방해하는 것은 무엇들일까?

하느님의 강력한 기운이 필요한 곳은 내 삶의 어느 부분인가?

기도

새 기운을 주셔서 변화시키시는 주님,
당신 사랑의 맥박으로 저를 채워주소서.
혼자의 힘으로는 제가 한걸음도 성장할 수 없음을 늘 일깨워주소서. 제 안에서 저의 영적 성장을 도우시는 힘은 바로 당신임을 알게 해주시니 위로가 되며 자유로워집니다.
당신께 감사를 드릴 수밖에요.

오늘의 다짐

오늘 어떤 그릇을 사용하더라도(컵, 유리잔, 소다수 캔 등) 나는 하느님의 엄청난 사랑의 에너지를 담고 있는 그릇임을 기억할 겁니다.

4일

잔의 테두리

에너지는 어디에나 있다. 그러나 잠재적 에너지를 활동에너지로 바꾸는 것은 고요함이다. 나비의 날개를 덮고 있는 비늘들이 실제는 태양 세포들이기 때문에 아침햇살에 나비들이 날개를 활짝 펴야 한다는 사실을 내가 캘러웨이 가든에서 알게 됐을 때 놀라움을 금치 못했다. 나비들은 날 수 없으리라, 그 에너지의 근원 없이는…

— 로리 베트 존스

"지금 난 산산조각으로 깨지고 있단 말이야." "다 잃었잖아!" "정말 엉망인 날이네." "마음을 붙일 데라곤 한군데도 없어." 내가 이런 말들을 마구 쏟아놓을 땐 자신에게서나 다른 사람들로부터 알게 모르게 스트레스나 억압을 받고 있을 땝니다. 그런 날은 주변에 있는 모든 것들이 그야말로 뒤죽박죽으로 보입니다. 이런 일이 일어날 때면 내가 가진 모든 기운과 시간이 몽땅 소진되어 내 잔에다 아무것도 담을 수 없다는 생각에 빠져듭니다.

영적 순례에서도 비슷한 일이 일어날 수 있습니다. 미리 한계나 규율을 정해두지 않으면, 깊이와 격을 갖춘 구도의 길을 가기 어렵습니다. 기도하고 묵상할 시간과 장소를 찾을 수 없어 상실감이 느껴지고 부평초처럼 떠돌게 됩니다. 사람들, 사건들, 책임감, 번잡한 활동 등이 저를 허둥거리게 만들고 내면과 마주할 시간도 없게 되므로 불안감에 사로잡히게 되지요.

내 잔이 한계에 대해 말해 주곤 합니다. 바닥과 측면이 없는 컵은 아무것도 담을 수 없습니다. 컵은 열린 입구가 있어 그곳으로 주고 또 받아들입니다. 테두리는 안에 담긴 내용물을 사방으로 넘치지 않게 해줍니다. 우리도 심층의 자아와 대면하기 위해서는 시간에 한계를 정해 두어야 합니다. 그렇지 않으면 온갖 잡다한 일이 방해하거나 간섭을 해 나의 시간은 조각이 나고 우리는 길을 잃게 되기 일쑤입니다. 타인이 항상 나보다 우선일 수만은 없지요. 영적 날개를 활짝 펴서 하느님에게서 파생된 에너지를 받을 수 있도록 우리는 자신부터 소중히 여겨야 하겠습니다. 예수님도 홀로 기도하는 시간을 으뜸으로 여기지 않으셨던가요? 예수님은 새로운 내면의 힘을 기르기 위해서 때때로 군중들과 떨어져 지내셨습니다.

언제나 예외란 있습니다만 우리가 구별해놓은 시간과 장소에서 기도드릴 수 없을 때, 시간과 장소에 경계선을 그어두어야 합니다. 그리고 단호하게 그것을 지켜야 하지요. (받고 싶은 충동을 억누르며 전화벨이나 현관벨이 혼자 울리게 내버려두면 안 될까요? 잠깐만이라도 마무리 하지 못한 일뭉치를 내버려두면 안 될까요?)

오늘은 내 영적 테두리에 대해 생각해 봅시다. 세심한 주의를 기울일 데는 없는지요?

〈오늘의 묵상〉

호흡기도

　숨을 들이쉬며: 저를 인도하소서...

　숨을 내쉬며:...저를 보호하소서

묵상

　두 손으로 컵을 듭니다.

　컵 밑바닥과 측면을 만져봅니다.

　손가락으로 컵 외부를 따라갑니다.

　컵 안쪽을 손가락을 훑어봅니다.

　눈을 감고 내 영적 테두리를 상상합니다.

　잠시 하느님께 기대봅니다.

　나의 영성에 필요하다면 어떤 테두리든지 구합니다.

성서: 마태 14:22-27

　무리를 헤쳐 보내신 뒤에, 예수께서는 따로 기도하시려고 산에 올라가셨다. 밤이 찾아 왔을 때 예수께서는 홀로 거기에 계셨다. (마태 14:22-23)

영성 일기

　내면생활을 충분히 지키지 못하게 방해하는 것은 무엇인가?

내가 지켜야 할 한계들은 무엇인가?

분주한 삶을 떠나 혼자가 되셨을 때 예수님은 어떤 기도를 하셨을까?

기도

주님, 당신과 맺고 있는 이 관계를 지켜주소서.
변화시킬 것이 무엇인지 볼 수 있는 전망을 주시고,
또한 나만의 시간과 공간을 고수할 수 있는 용기도 주옵소서.
나의 영적인 생활을 매우 귀한 것으로 받아들이고,
당신과 더 가까이 동행할 수 있도록
제가 언제나 선한 결단을 내리게 하소서.
당신과 함께하는 고요한 시간이 저의 남은 날들을
풍요롭게 만들게 하시고 또한 드높일 수 있게 도우소서.
그리하여 무소부재하신 당신을 언제나
일상생활 속에서 뵙게 하소서.

오늘의 다짐

하느님을 만나기 위해 의식적으로 시간과 장소를
구별해 놓겠습니다.

5일

스승으로서의 잔

켈트인들은 못나고 사소한 것을 향해 마음을 열고, 비범하게 창조된 모든 평범한 것들을 향해 찬사를 던짐으로써 하느님께 다가갑니다.

— 에스터 드 왈

하느님과 관계 맺는 방식에 관해서 무수한 책들이 말하고 있습니다. 이런 책들은 하느님과 관계를 맺는다는 것이 대단한 과업이나 되는 듯이 말을 하지만 하느님과 함께한다는 건 참 단순한 일이지요. 흔하고 평범한 것에서 시작하는 켈트 영성이 영적 성장을 돕는 건강한 접근법인 것 같습니다. 그렇게 볼 때 컵은 스승 역할을 하는 것 같아요. 왜냐하면 컵은 아주 흔한 물건이면서도 평범한 일상생활에서는 정말 중요한 자리를 차지하고 있잖아요. 나의 영적 은사가 내게는 무덤덤하듯이 나는 컵이 얼마나 예쁜지, 나의 휴식에 얼마나 헌신적인지 별로 신경을 쓰지 않고서 날마다 컵을 쓰고 있지요.

영성을 지킨답시고 작고 갑갑한 장소를 애써 고집했던 시절이 저에게도 있었습니다. 업무와 사회적 관계, 그 관계에서 오는 기쁨과 괴로움 등이 나를 자라게 하는 동력이라고 생각하지 않고 하느님과 나를 분리시키는 요인들이라고 생각했기 때문입니다. 그러나 지금은 다릅니다. 내 삶 속에 속한 모든 것은 하느님과 나의 관계에 영향을 미치며 또한 내 자신을 변화시킨다고 믿고 있어요. 아름답고 슬픈 이 세상, 각양각색의 생명체가 서로 얽혀 살고 있는 이 세상의 모든 것이 내가 누구이며, 하느님은 어떤 분인지 끊임없이 의미를 전달해주고 있으니까요. 존재하는 만물들이, 마주치는 모든 사람들이 하느님과 내 자신 그리고 인생을 가르쳐주는 나의 스승들입니다.

요즈음 저는 두 개의 질문을 들고 만사를 대합니다. "안녕하세요, 스승님? 제가 무엇을 배우게 될까요?"

우리가 어디에 있든지 하느님은 우리 안에 계시므로 우리는 자기 안의 이 사랑의 존재를 항상 감지하고 알아차려야 합니다. 묵상과 기도는 우리를 깨어 있게 함으로 밤낮으로 우리를 채워 주시는 분은 하느님이심을 알게 합니다. 가장 평범한 날조차 영적인 깨달음에 이를 수 있는 빛과 힘이 있지요. 깨달음의 빛과 힘은 전적으로 우리에게 달려 있습니다. 지금, 여기에 더 깊이 존재하기 위한 우리의 집중력이 바로 그것입니다.

영적 발돋움을 위해 마음을 열 때 따로 남겨 놓을 건 없습니다. 너무 더러워서, 너무 때가 묻어서, 그런 것 따위는 없습니다. 너무 황홀해서, 너무 열정적이어서, 그런 것도 없고요. 너무 세속적이고 너무 흔한 것도 물론 없습니다. 전부 영적 발돋움을 이루기 위한 자양분들입니다. 우리가 열려 깨어 있다면, 모든 일은 하느님과 더욱 내밀하고 깊은 관계를 맺게 해주는 선물들입니다. 오늘, 삶을 통해 가르쳐 주시는 하느님을 알아차리셨나요?

〈오늘의 묵상〉

호흡기도

숨을 들이쉬며: 오. 신비시여...

숨을 내쉬며: ...내 안에 살아 계신

묵상

두 손으로 컵을 듭니다.

컵을 가까이 바라봅니다.

컵은 오늘 나에게 무엇을 가르치나요?

내면을 하느님께로 향하고

조용히 귀를 기울이셔요.

오늘 하루도 귀를 기울여 살 수 있도록 하느님께 기도합니다.

성서: 누가 12:22-31

까마귀를 생각해 보아라. 까마귀는 씨를 뿌리지도 않고, 거두지도 않고... 그러나 하느님께서 그들을 먹여주신다. 백합꽃이 어떻게 자라는지를 생각해 보아라. 수고도 하지 아니하고, 길쌈도 하지 않는다. 그러나 내가 너희에게 말한다. 자기의 온갖 영화로 차려 입은 솔로몬도 이 꽃 하나만큼 차려 입지 못하였다.

(누가 12:24, 27)

영성 일기

　내가 컵을 스승으로 생각할 때, 나는 ....

　생명이 나의 스승이 되어 가르친 것은 ...

　오늘 내가 배우기를 갈망하는 것은 ...

기도

　생명을 창조하시고 보존시켜 주시는 주님,

　모든 생명이 저의 스승입니다.

　제가 분명한 깨달음을 갖고 생명을 보고, 듣고,

　만지고, 느끼게 하소서.

　더욱 뜻 깊은 방식으로 다른 존재들과 관계 맺게 하소서.

　오늘의 삶 가운데 어느 한 부분이라도

　저를 깨우치는 진리에 대해 주목하지 않은 채

　흘려보내지 않게 하소서.

　오 생명의 신비여, 오늘 저의 안내자가 되어주소서.

오늘의 다짐

　오늘 하루 매우 평범한 것에 주목하고, 거기에서 비범함을 배우겠습니다.

6일

채우고 싶은 갈망

> 하느님이 자비하신 것이 진실한 것처럼... 하느님 안에는 갈망과 염원이 있다는 것도 진실하다. 그리스도 안의 이런 염원 덕분에 우리는 하느님을 염원한다... 염원하는 갈망은 하느님의 무한한 선하심에서 생겨난다... 우리가 궁핍함을 느끼는 한, 영적인 갈증은 하느님 안에서 계속되며, 그 갈증은 우리를 하느님의 복락으로 이끈다.
>
> — 노르비치의 줄리안

완벽하게 만족하는 날은 드물지요. 보통 우리는 뭔가를 끊임없이 희망하고 원하고 동경하고 목말라합니다. 그것들이 채워지면 행복해질 거라고 고대하면서. 현재의 삶에 미진하고 부족한 것이 언젠가 채워질 것으로 생각하며 우리는 빈 잔처럼 기다리고 있습니다.

여러 종류의 갈증이 우리 안에 있습니다. 인정받고 싶은 욕구, 권위, 힘, 성공 같이 자기를 추구하려는 갈증이 아닐 때 사실 더 난감합니다. 자기를 추구하는 갈망에서 해방된 후, 우리는 영혼이 편안하게 하느님과 더 깊은 교제를 맺게 되길 원합니다. 자기 추구 대신, 목마른 영혼이 생수를 찾아 헤매듯 하느님을 향해 더욱 목이 마르기 때문이지요.

더 깊은 본성을 향한 갈증이란 어떤 것일까요? 우리 존재의 중심에서 일어나는 동경이란 어떤 것일까요? 하느님과 만나고 싶은 가슴 속 그리움이란 도대체 무엇일까요? 어쩌면 다음과 같은 그리움과 갈증일지 모르겠습니다.

* 마음과 가슴의 평화
* 오래된 상처의 치유
* 우리 자신을 수용하기
* 착취당하는 이들을 위한 정의
* 우리 자신의 참된 자아를 발견하기
* 내 가족과 이웃들과 조화를 이루기
* 더 나은 선택과 결정을 내릴 수 있는 지혜
* 자신과 타인을 용서하기
* 내 식으로 해석한 메시지에서 해방되기
* 삶을 경외하고 열광하기
* 주님의 음성을 몹시 듣고 싶어 하기

오늘은 내 안에서 이는 갈증의 본질과 품격, 강도에 대해 깊이 성찰해 봅시다. 그리고 타오르는 갈증을 해소시켜 줄 생수와 생수를 받아들일 나의 잔을 하느님께 구해 봅시다.

〈오늘의 묵상〉

호흡기도
  숨을 들이쉬며: 목마름, 목마름이여...
  숨을 내쉬며:... 하느님, 당신을 향한

묵상
  두 손으로 빈 컵을 듭니다.
  비어 있는 컵을 통해 나의 갈망을 기억합니다.
  내가 가장 목마르고 열망하는 것은 누구이며, 무엇입니까?
  컵을 내 가슴에 댑니다.
  하느님을 향해 목이 말라 봅시다.
  내 안이 하느님으로 채워지기를.

성서: 시편 63
  하느님, 주님은 나의 하느님입니다. 내가 주님을 애타게 찾습니다. 물기 없는 땅, 메마르고 황폐한 땅에서 내 영혼이 주님을 찾아 목이 마르고, 이 몸도 주님을 애타게 그리워합니다.
  (시 63:1)

영성 일기
  내가 목말라 하는 것은 ...

내 영혼의 목마름이 채워질 때는 …

기도

하느님, 당신의 선하심을 저에게 허락하소서.
당신이면 저는 충분합니다.
당신을 영예롭게 하는 것들만 구하게 하소서.
그렇지 않은 것을 구할 때, 저는 항상 궁핍합니다.
당신 안에서만 저는 풍성함을 누립니다.

오늘의 다짐

오늘은 목이 마른 채로 살아보려고 합니다. 목이 마른 경험을 통해 하느님을 향한 목마름을 기억하겠습니다.

7일

종합/성찰

1. 지난 6일 동안의 묵상을 다시 되새겨 봅니다.
2. 영성 일기 중 특별하게 가슴에 남은 중요한 것을 적어둡니다.
3. 이번 주일 묵상을 간략하게 요약합니다.(그림그리기, 찰흙 빚기, 춤도 요약을 대신할 수 있습니다. 아니면 컵을 그려서 크기와 모양, 형태, 내용, 컵 위에 이번 주의 체험을 상징할 메시지 적어두기 등을 해도 좋습니다.)

메모

매일 밤, 단 몇 분 동안이라도 하루를 되돌아보는 시간을 따로 구별해 놓으셨나요? 잠들기 전, 얼마나 비우고 얼마나 채웠는지 돌아보셨는지요? 하루하루가 은총임을 깨달으셨나요?

이렇게 하는 것을 잊으셨다면 "서문"에서 소개한 "저녁의 성찰"을 다시 한 번 살펴보도록 하셔요.

둘째 주

열린 잔

열린 잔

1일: 뒤죽박죽인 잔
2일: 귀를 기울이는 여유
3일: 비어 있는 잔
4일: 받아들일 준비
5일: 신뢰하기
6일: 홀로 있음
7일: 종합/성찰

이번 주간의 묵상

내 가슴속 문이 항상 닫혀 있다면
나는 죽은 사람이나 다름없습니다.

― 메리 올리버

누구나 어쩌다 약간씩 패닉 상태가 될 때가 있는데, 저 역시 얼마 전에 그런 일이 있었어요. 모임을 마치고 밤늦게 집에 돌아왔더니, 아니? 스크린도어 문이 잠겨 있는 게 아니겠어요. 안으로 들어갈 방도를 찾느라고 여기저기 기웃거렸지만 열린 틈이라곤 어디에도 없더군요. 가슴이 덜커덕 내려앉았습니다. 잠시 후 지렛대로 스크린 도어 입구를 비틀어 자물쇠를 튕겨 올려보았지요. 아, 그날 밤 내가 집안에 들어선 다음 내쉬었던 안도의 한숨이란!

쓰임새 역할을 하기 전에 거의 모든 물건들은 우선 열려야 합니다. 몸을 따뜻하게 감싸려고 옷을 걸치려면 단추부터 풀어야 하고, 책은 서문부터 읽어야 앞으로 펼쳐질 내용을 미리 훑어 볼 수 있습니다. 그릇장 문을 열어야 그릇도 꺼내 쓸 수 있지 않습니까?

영적인 자아도 마찬가지입니다. 성장하고 싶다면 먼저 열려야 하지요. 하느님을 우리 안에 온전히 모시기 위해 우리가 할 일은 하느님을 받아들일 준비부터 갖추는 것이지요. 내면의 자아로 들어가는 문을 넓게 열어야 합니다. 하느님께서 주시는 것을 듣고 수용할 수 있는 감수성을 마음으로 영혼으로 길러야 합니다. 우리 안으로 들어오시기 위해 열린 틈을 찾고 계신 하느님. 열린 틈으로 들어오신 후에야 우리와 소통하기 시작하시는 하느님은 우리에게 영적인 자양분을 공급해 주시고, 우리의 스트레칭을 도와 발돋움하게 하시며 싱그럽고 활기차게 살아가도록 충분한 사랑을 주십니다.

열린다는 것은 신비 앞에서 놀람으로 마음을 연다는 뜻입니다. 크리스틴 로어 에버가 "모든 생명은 시작입니다. 저에게 절실한 것은 열리고 자발적이며 기쁨에 넘쳐 사는 태도입니다. 그래야 제가 아는 게 없음을 알게 되니까요. 나의 안을 비우는 일이 절실하며 여전히 놀랄 줄 알고 여전히 신비에 열리는 빈 영혼도 절실합니다." 깊은 기쁨은 열림과 때로 하나입니다. 열려 있음은 내면을 자유롭게 하고, 앞으로 나가도록 하기에 그렇습니다.

이런 자유에 대한 대가는 지불해야 하지요. 삶에 동행하시는 하느님을 더욱 깊이 신뢰하는 일, 그분에게 저항하는 자기 자신과 대면할 각오 같은 것들이 우리가 치러야 할 대가입니다. 나의 개방을 방해하는 것들과 충돌하는 일을 저는 참으로 싫어합니다. 그렇다고 안락하지만 낡은 내 영혼의 집에 언제까지 갇혀 살 수만은 없더군요. 낡아빠진 안정에 의지해 거기에 매달려 사는 한, 언젠가 내 것이 될 수 있는, 성숙을 향해 나 있는 열린 문을 스스로 닫아버리는 셈이니까요.

아무리 열려 있어도 감수성이 없을 때가 있습니다. 가슴을 메운 내면의 쓰레기더미들 때문이지요. 이런 잡다한 쓰레기더미는 정신적으로 감정적으로 그걸 감당할 수 있는 대규모의 공간을 요구합니다. 그러면서 정작 우리에게 필요한 아름답고 선한 것을 거부하게 훼방까지 놓습니다. 우리 몸이 들숨을 통해 산소를 마시고, 날숨을 통해 이산화탄소를 토해내듯이 우리 영혼은 생명의 기운은 마시고, 해로운 기운은 내뱉습니다.

이번 주에는 자기가 얼마나 열려 있는지 깊이 들여다보기를 권합니다. 영적 개방을 방해하는 무언가를 과감하고 용감하게 비워버립시다. 저는 여러분이 홀로 하느님과 온전하게 대면할 수 있는 고요한 시간을 성실하게 지킬 것도 권합니다. 날마다 홀로 있는 고독한 순간을 구별하여 떼어놓는 훈련은 하느님께서 우리를 준비시키는 시간입니다. 고독은 우리의 초심에 다시 초점을 맞추게 하여 영적 개방을 저해하는 내면의 쓰레기더미를 어느 정도 털어낼 수 있도록 도와줍니다.

이번 주는 기도를 통해서 하느님의 빛이 채워지길 기다리며 마음 속 공간을 넓혀가길 빕니다.

자비로우신 주님
소진되어 버린 에너지와 굶주린 영혼으로
빈 잔이 되어
얼마나 오래 발버둥이쳤던가요.

그때마다 잔을 채워 주신 하느님!

너그러우신 주님
미지의 것을 두려워하며
제 안에 "안 돼!"와 부정으로 가득 채워
새로운 도전에 문을 잠그고 성숙하지 않으려고
얼마나 자주 발버둥이쳤던가요.

그때마다 저를 열어주신 하느님!

자비로우신 주님!
치워도 치워도 사라지지 않는
잡동사니에 사로잡힌 내 안의 빈 공간.
문화적 소음에 짓눌려
얼마나 오랫동안
당신께 귀가 먼 이방인이 되었던가요?

그때마다 모든 걸 비워주신 하느님!

자비로우신 주님!
저는 당신 앞에 다시 섰습니다.
제 영혼이 당신을 닮은 사랑으로 채워지기에 앞서
그 사랑을 가로막는 모든 잡다함이
우선 비워지기를 간절하게 기다리면서.

— 조이스 럽

1일

뒤죽박죽인 잔

마음은 까마귀와 같다.
둥지가 푹신거리지 않을지라도
반짝거리는 금속덩어리라면
뭐든지 물어다 놓는.

— 토마스 머튼

　여러분은 어떠신지요. 저와 비슷할 거라고 짐작하는데요, 저는 집안의 뒤죽박죽으로 된 물건들을 치우느라 항상 몸을 바삐 움직입니다. 산더미처럼 쌓인 우편물 바구니를 막 비우고 돌아서도 이내 가득 차버립니다. 드디어 책상 위를 말끔하게 치웠다 생각하지만 다음 주면 어느새 더 어질러져 있지요. 집안의 먼지를 털어내고 물건들을 정리하는 것도 그때 뿐, 곧 원상복귀죠. 어서 폐기처분되기를 기다리는 그 무엇들이 항상 쌓여있는 것만 같아요.
　영적으로도 저는 똑같습니다. 한마디로 말해 내 안도 뒤죽박죽이거든요. 불안, 분노, 성급하고 거친 판단, 자기 연민 그리고 불신과 같은 감정들이 내면을 넓게 점령하고 있답니다. 귀에 거슬리는 목소리, 부정적인 생각, 쓸데없는 불안과 염려, 해묵은 상처, 의무감과 소망 등이 내 안에서 골목대장 노릇을 하며 좋은 생각들은 아예 못 들어오게 막고 서있는 형국이랍니다.

화창한 삼월 어느 일요일 아침, 저는 평소처럼 집 근처의 높다란 언덕길을 산책하고 있었습니다. 날마다 오르내리는 길인데, 갑자기 길가 풀밭을 따라 온갖 종류의 쓰레기와 폐기물들이 쌓여 있는 게 눈에 띄었습니다. 이 짧은 구간에 웬 쓰레기가 이처럼 쌓인 건지 도무지 믿을 수가 없었어요. 보고 있는 것조차 괴로웠습니다. 그 다음날도 바로 그 길을 지나갔는데 기분마저 탁해져 혼자서 투덜거렸습니다. 그러다 문득 그 언덕길하고 내가 많이 닮았다는 생각이 들었습니다. 이 길처럼 어지럽고 흐트러진 긴 쓰레기길이 내 안에도 있었지? 저의 부정적인 성향은 영혼을 흐트러뜨렸고, 늘 기쁜 마음으로 살아내지 못하게 했습니다.

완전히 자기도취에 빠지게 하는 것이나 하느님께 무감각하게 만드는 것이라면 그게 무엇이든지 '혼란'이 된다고 봐야 할 것 같습니다. 성공, 지식, 아름다움, 쾌락처럼 가슴을 뒤흔들며 설렘을 주는 것조차 탐닉해서 거기에 목을 매고 어떻게든지 오래 나의 것으로 붙잡아두기 위해 몸부림을 친다면, 그것은 우리를 흐트러지게 만드는 '혼란'이 될 수밖에 없습니다. 딱히 버리려고 애쓸 필요도 없겠지만, 참된 자아와 바꿀 정도의 위력을 발휘하려는 그 잡다한 쓰레기더미를 더 이상 방치할 수는 없습니다. 내면의 혼란을 일으키는 쓰레기더미를 치우지 않은 채 오래 방치하게 되면 결국 내 감정과 정신은 균형을 잃고 휘청거리게 되기 때문이지요. 내부 구석구석이 나의 의지, 소유로 채워졌을 때, 하느님을 위한 공간은 별로 없을 겁니다. 기도가 하느님이 아닌 자신의 영적 수행이 궁극적 목표라면, 그 기도 또한 쓰레기더미에 불과합니다.

　오늘은 내 안에 쌓인 쓰레기더미를 참을성 있게 들춰 보고 버릴 것을 골라내 버립시다. 평생 동안 모은 쓰레기인 만큼 버릴 것을 가려서 버리는 데에 시간이 족히 걸릴 겁니다.

〈오늘의 묵상〉

호흡기도
　숨을 들이쉬며: 보냅니다...
　숨을 내쉬며: ...정돈합니다

묵상
　조용히 앉습니다.
　자신의 내면으로 들어갑니다.
　마음을 살핍니다.
　무엇이 영적 생활을 흐트러뜨리는지 살펴봅니다.
　그리고 두 손으로 컵을 듭니다.
　내 마음의 잔에 든 혼란을 상상하고 그려봅니다.
　컵을 들고 옆으로 돌립니다.
　상징적으로 내 안의 혼란들을 비워냅니다.
　이제 컵을 다시 들고 조용하게 앉습니다.

혼란이 없는 자유가 내 영혼을 차지하게 합니다.
쓰레기를 비워낸 가슴 속 기쁨을 온전히 누립니다.

성서: 마태 6:19-21

너의 보물이 있는 곳에 너의 마음이 있으리라.(마태 6:21)

영성 일기

내면의 혼란에 관해서 하느님과 대화를 나눠본다.
그 혼란의 목록을 적어 본다.
가장 버리기 어려운 혼란은 무엇이며, 왜 그런가?.....

기도

주님, 저의 영혼이 당신의 사랑으로 빛나게
저에게 빛을 비춰 주소서.
그 길을 밝해하는 것들을 식별하게 도우소서
혼란을 버릴 힘을 제게 내리소서.
저를 통해서 일하시는 당신의 능력에 감사를 드립니다.
당신과 일치를 이루는 깊은 깨달음을 주소서.

오늘의 다짐

불필요한 욕구들을 버리고 싶다는 뜻으로 폐기하고 싶은 내면의
혼란 목록을 적어 컵 중간에 걸쳐 놓습니다.

2일

귀를 기울이는 여유

우리는 얼마나 자주 이렇게 기도했는가? "한 말씀만 하소서 주님, 당신 종이 듣고 있나이다!" 아니다. 그보다 더 자주 우리는 이렇게 기도하지 않았던가. "제 말을 들어 주소서 주님, 당신 종이 말하고 있나이다!"

— 로버트 윅스

주기적으로 목소리를 잃어버리는 내 친구는 목소리를 잃을 때마다 속삭임으로 말을 해야 합니다. 어느 날 친구는 15분 동안이나 전화로 속삭였어요. 온 힘을 기울여 그가 하는 말을 겨우 알아들을 수 있었는데, 그날 문득 하느님에게 몰입하는 우리들의 태도도 이래야 한다는 생각이 들더군요. 하느님은 가끔 속삭이듯이 말을 걸어오시는 분... 우리가 종잡지 못할 느낌과 생각으로 꽉 차 있다면 그 속삭임이 들릴 리가 없지 않을까요?

영적 성장의 핵심은 주의 깊게 듣는 일입니다. 이러기 위해서 가슴을 열어서 앞길을 가로막았던 쓰레기더미부터 치워내야 하지요. 귀를 기울이는 일이 특히 어려운 까닭은 우리들을 둘러싼 외부세계가 소음으로 가득 차 있기 때문입니다. 매순간 우리를 공격해 오는 자동

차 소음, 텔레비전, 갖은 종류의 기계음들 등등. 일부러 듣지 않아야만 이렇게 많은 소음들이 들리지 않는다는 것을 우리는 무의식적으로 배우게 되었지요. 외부에서 들리는 소음에 점점 상관하지 않다가 우리는 내면의 소리에도 그만 무신경해지게 되었습니다.

주의 깊게 경청하기 위해서는 끝이 없는 활동과 소음을 비우는 것 말고 '존재함'에 더 익숙해져야 합니다.

'존재함'은 '알아차림'을 발달시키고 깊이 듣게 할 뿐 아니라 내면의 소리에 민감하게 초점을 맞추게 합니다. 베아트리체 부르터는 "경청은 비생산적이고 명상적인 활동입니다. 노력하지 않는 노력입니다. 자기와의 분투는 소음을 만들고 경청하지 못하게 합니다..."("급진적 낙관주의") 이것을 실천하기란 여간 어렵지 않습니다. 특히 끊임없는 활동과 생산을 장려하는 문화에 살고 있다면 말이지요.

하느님이 중심에 계시므로 삶은 단계마다 우리를 성장시키는 요소를 품고 있습니다. 온 힘으로 귀를 기울여 깊이 듣는다면, 어디서나 하느님을 뵙게 됩니다. 음악을 들으며, 편지를 읽으며, 전화를 받으며, 사람들을 만나며, 읽고 쓰고 맛보며, 온갖 통찰과 느낌 속에서 깊은 소리를 듣습니다.

깊이 들어봐요... 무엇이 들리세요?

〈오늘의 묵상〉

호흡기도

    숨을 들이쉬며: 듣습니다...

    숨을 내쉬며:...여기 계신 당신을

묵상

    두 손을 펼쳐 컵을 듭니다.

    컵이 얼마나 조용히 거기 앉아 있는지 봅니다.

    하느님 손 안에 있는 나를 그려봅니다.

    내 안 깊은 곳 고요함으로 들어갑니다.

    주의 깊게 귀를 기울입니다.

    그냥 하느님과 함께 "있습니다."

    경청합니다.

성서: 시편 85:8-13

    하느님이 무슨 말씀을 하시는지 제가 듣게 하소서,

    마음으로 당신께 얼굴을 돌리는 사람들에게

    당신이 평화의 말씀을 하실 테니까요...(시편85:8)

영성 일기

    사랑의 주님, 제가 '있음'에 관해 무엇을 알기를 바라시나요?

무엇이 거룩한 당신의 음성을 못 듣게 만드는지요?
요즈음 제가 내면과 마주할 때는 언제인지요…

기도

주님, 당신은 끊임이 없이 저의 이목을 끌려고 하십니다.
당신께서는 전혀 예상치 못했던 곳에서
저를 흔들어 깨우시네요.
당신이 여기 계신다는 사실을 깨닫지 못했기에
저는 사람을 피했고
사건 속에서도 당신을 뵙지 못했습니다.
내 안의 한 모퉁이에서 저를 부르고 계시는 당신,
당신임을 알아차리길 기다리는 주님,
저를 열어주십시오.
그리하여 오늘만은 당신의 임재를 놓치지 않게 하소서.
어떻게 '있음'을 배워야 하는지 알게 도우시고
분주한 활동 속에 삼켜버린 제 욕망들을 이제 버리게 하소서.

오늘의 다짐

오늘은 한 시간 동안 내 삶의 모든 순간마다 하느님이 계심을 알 아차릴 수 있도록 순간순간에 집중할 것입니다.

3일

비어 있는 잔

우리 존재의 중심에 문 하나가 열려 있다. 엄청난 무한의 깊이가 아래로 떨어지는 것처럼 느껴지지만 그 깊이는 우리가 다다를 수 있는 깊이다. 이 한 번의 선명하고 숨 막히는 접촉에서 우리는 마치 영원을 소유한 것처럼 느낀다. 하느님은 공허함으로 우리를 만지시고 그래서 우리를 비우신다.

― 토마스 머튼

마음 한구석에는 늘 채워져 있는 상태가 유지되기 바라는 마음이 있습니다. 기분이 좋은 상태만 계속되고 고통이나 불편함이 없는 순조로운 인생이 그대로 유지되기를 바라는 거지요. 그러나 저는 알고 있습니다. 가득 차 있는 잔은 더 이상 아무것도 받아들일 수 없다는 것을. 이미 담겨 있는 것말고 무엇을 더 받아들일 수 있을까요. 한 번도 사용된 적이 없는 잔이나 누군가와 나눠본 적이 없는 잔은 곧 퀴퀴해지고 썩어서 이내 맛을 잃어버리게 될 것입니다.

비우고 채우고, 죽고 다시 일어서고, 받아들이고 떠나보내는 끝없는 순환이 영적 순례길입니다. 채우고 또다시 채우기 위해서 잔이 차면 비우는 일을 반복해야 합니다. 여러 가지 방법으로 비움이 일어납니다. 많은 시간과 에너지를 요구하며, 누군가가 나를 자기 삶에 개입시키려고 할 때면, 저는 가득 찬 나의 잔을 비우는 쪽을 택합니다. 이런 비움은 저를 고갈시키기도 하지만 누군가에게 진정으로 준다는 보람과 만족감 또한 있기 때문이지요.

나의 동의도 없이 삶이 나를 비울 때가 있습니다. 도전, 불편함, 흐트러짐, 분투, 좌절의 경험은 지속적으로 나를 비우게 합니다. 내 자신과 이웃에게 해로운 나의 습관과 행동들을 버림으로 저를 비울 때도 있습니다.

비움의 과정은 고통스러우나 '성숙'의 과정이기도 하지요. 비움의 시간 동안 우리는 허무감, 허탈감 등으로 시달립니다. 그러나 그런 허무감은 더 정확하게 보고, 덜 지배적인 인간이 되게 하며, 하느님을 더 사무치게 그리워하는 깊은 내면에 집중하게 만들며, 우리로 하여금 더 큰 경외심과 감사로써 삶을 새롭게 만나게 합니다. 신비와 놀라움, 영원한 아름다움 자체이신 하느님으로 가득 채워진 우리 안의 깊은 영토로 마침내 진입하게 되는 것이지요. 비움은 **변화시켜주시는** 하느님의 능력을 향해 우리가 마음 문을 열고 가까이 가게 하는 선물이며 은총입니다.

금식과 금주도 가득 차 있는 우리를 신체적으로 제한하는 하나의 비우기 방식입니다. 그것은 가끔은 비워낼 필요가 있음을 스스로 깨닫게 자극하는 방식인 거지요. 신체적인 금욕은 다른 비움도 할 수 있게 우리 몸을 단련시킬 수 있습니다.

잔을 비울 때가 되었다는 생각이 들면 오늘은 신체적인 금욕을 시도해 보셔요. 그렇게 자신의 차 있는 잔을 용감하게 비워내 보세요.

〈오늘의 묵상〉

호흡기도

(호흡을 마시고 내쉬면서 특히 비움―채움의 순환에 깨어 있으시길.)

숨을 들이쉬며: 채웁니다...

숨을 내쉬며:...비웁니다

묵상

빈 컵을 들여다봅니다.

손 사이에 빈 컵을 끼워서 듭니다.

하느님 손 안에 있는 나를 그려봅니다.

비어 있음을 들여다봅니다.

비어 있음을 곁에 둡니다.

통찰과 감정으로 그것을 채우려 하지 마십시오.

마음의 문을 여십시오.

안으로 들어가 하느님과 함께 머무십시오.

성서: 빌립보 2:1-11

여러분 안에 이 마음을 품으십시오. 그것은 곧 그리스도 예수의 마음이기도 합니다. 그는 하느님의 모습을 지니셨으나, 하느님과 동등함을 당연하게 생각하지 않으시고, 오히려 자기를

비워서…(빌 2:5-6)

영성 일기

'비움'이란 단어를 들었을 때, 나의 느낌은….
비움의 존재가 됐을 때, 내 경험은…
예수님, 자기를 비우신 분…

기도

예수님, 온전히 비운다는 것이 어떤 것인지
당신이 아시오니
비움의 중요함을 저에게 가르쳐 주소서.
넘치는 내 잔을 쏟아낼 때 제가 두렵지 않게
저를 도우소서. 당신의 강건함, 당신의 평화,
당신의 희망으로 저와 함께 하소서.
제가 비워지는 경험을 할 때 제 곁에 계셔서
언제나 열린 태도로 성장할 수 있게 저를 도와주소서.

오늘의 다짐

오늘은 제 스스로, 비움의 필요성을 자각할 수 있게 절제하며 지내렵니다. 의도적으로 음식, 드링크, 독서, 어떤 생각, 텔레비전 시청 등을 하지 않으려고 노력할 겁니다.

II. 열린 잔 *81*

4일

받아들일 준비

흙으로 큰 그릇을 빚는다. 비어있는 큰 그릇에 물을 담아 나른다. 벽 한쪽을 깎아내면 빈 공간이 생긴다. 비어있는 공간에 빛이 닿는다. 비우면 채워지리라.

— 老子

세미나 참가자 중 한 분이 자기 이야기를 하고 있을 때, 저는 그 이야기를 비움에 대한 토론으로 이끌어보려고 했습니다. 그는 자기가 막 극복해낸 깊은 슬픔과 긴 세월 시달렸던 우울증에 대해 들려주었습니다. 그러고는 이렇게 말했습니다. "비움의 과정에서 받았던 가장 큰 선물은 내가 아무것도 누구에게 줄 수 없다는 거였어요. 제가 할 수 있는 거라고는 받는 일뿐이었어요."

주는 일은 받는 일보다 얼마나 쉬운가요. 우리가 내어주는 모드(mode)에 있을 때란, 강하고 책임질 수 있는 상태에 있다는 뜻이겠지요. 받을 준비가 되지 않았는데 무릎을 꿇어야 할 때가 있습니다. 이러한 때는 우리가 어떤 사건이나 상황으로 인해 어쩔 수 없이 비움을 강요받게 되지요. 오랜 투병생활, 이혼으로 인한 트라우마, 사랑하는 이와 사별 후 치르는 가슴앓이 등이 비우는 시간입니다. 자신의 힘만으로 도저히 일어설 수 없을 때, 보통 때 가졌던 내적 자원을 잃어버렸을 때 우리는 비로소 타인의 도움이 절실하다는 것을 깨닫게 되지요.

받아들이게 될 때 수많은 은총이 주어집니다. 삶에 대한 한층 더 깊은 이해, 더 튼실해지는 하느님과의 유대감, 사랑하는 사람들에 대한 깊은 감사, 당연시 했던 주변에 대해 새롭게 눈을 뜸, 모호한 앞날을 향한 새로운 비전 등등.

처음에는 주어진 것을 받아들이기 어려울 수 있습니다. 우리 가슴 속의 받아들임의 잔에 쏟아져 들어오는 것들이 불필요하게 느껴지고 도전적이며 두렵기조차 한 무엇으로 느껴질 수 있습니다. 자기의 환상과 대면하는 일, 상당히 위험해 보이는 변화, 자신이나 타인과의 신뢰 구축, 완전하고 조건 없는 신의 사랑을 수용하는 일이 그 자체로 싫을 수 있지요.

결국 우리는 받아들임이 얼마나 놀라운지 배우게 되면서 차츰 개방적이고 수용적인 태도를 갖게 됩니다. 성장을 위해 필요한 선물을 수용하게 되면, 우리는 더 넓은 마음으로 그것들을 받아들이게 되겠지요. 그렇게 우리가 보다 큰 자신감을 갖게 되는 이유는 열림과 비움으로 준비를 갖춘 우리에게 조건 없이 쏟아지는 하느님의 사랑이 은총의 핵심임을 알기 때문이지요.

〈오늘의 묵상〉

호흡기도
　숨을 들이쉬며: 저는 준비가 되었습니다 ...
　숨을 내쉬며:... 받아들입니다

묵상
　두 손으로 빈 컵을 들어 올립니다.
　채워질 공간을 살펴봅니다.
　자신의 내면을 그려봅니다.
　채워질 공간이 어느 정도 남았는지 살펴봅니다.
　주린 자처럼 컵을 앞으로 내밉니다.
　채워주시기를 하느님께 간구합니다.
　일어나서, 컵에 천천히 물이나 차를 따릅니다.
　돌아와 자리에 앉습니다.
　컵에 담긴 것을 기쁘게 마십니다.

성서: 시편 81
　너희의 입을 크게 벌려라. 내가 마음껏 먹여 주겠다...
　나는 기름진 밀 곡식으로 너희를 먹였을 것이고,
　바위에서 따 낸 꿀로 너희를 배부르게 하였을 것이다.(시 81: 10,
　16)

영성 일기

    살아오며 내가 텅 비었다고 느꼈던 때는 …

    인생에서 정말 필요한 것을 받았던 때는 …

    받아들일 때 가장 어려웠던 점은 무엇인가? …

    내가 은혜롭게 받아들이게 준비시킨 것은 무엇인가? …

기도

    은혜롭게 주시는 주님,
    저에게 나눠 주실 것을 많이 갖고 계신
    주님께 감사를 드립니다.
    저의 불안과 염려, 의심과 걱정을 내려놓게 도와주세요.
    당신이 제가 받아들이길 바라시는 것들이 있는데
    그것을 방해하는 무엇이 있다면, 그것을 없애 주셔요.
    당신의 사랑과 지혜를
    제가 잘 받아들이게 되기를 기도합니다.

오늘의 다짐

    다른 사람이 어떤 방식으로든 나에게 도움을 줄 때, 그것을 은혜로 알고 감사한 마음으로 받을 것입니다.

5일

신뢰하기

> 그대가 절대적으로 신뢰하게 되면 삶, 하느님, 깊은 자아가 그대에게 보내오는 신호들을 충분히 받아들이게 될 것이다. 그대를 이끌어갈 단서, 정보, 영감도 그대에게 주어질 것이다.
>
> — 앤드루 하비

비움은 우리에게 성장하려는 의지를 가지라고 요구합니다. 비움은 우리에게 하느님이 함께하심을 믿고, 그분은 우리를 위해 존재하시며, 우리에게 어떠한 반감도 가지고 있지 않음을 믿으며, 우리가 시련을 당할 때 결코 버리지 않으실 것을 믿으라고 합니다. 신뢰는 사랑의 근원입니다.

아빌라의 성녀 테레사 수녀는 오직 하느님 한 분만으로 자기가 충족될 수 있기를 정말 열심히 기도하셨습니다. 이처럼 "오직 하느님 한 분만으로 충분하다"는 생각이 저에게는 말할 수 없이 급진적이라는 생각이 들었던 적이 여러 번 있었어요. 비움의 시절을 겪을 때마다 저는 이렇게 묻곤 했습니다. "그럼, 저도 당신만으로 충분해야 하는 건가요? 제가 당신만으로 만족해야 하므로 당신 말고 그 누구도 그 무엇도 내 삶에 들어와서는 안 된다는 말씀인가요? 모두 다 비우라는 뜻인가요?" 하느님 한 분만으로 충분하게 되기를 저 역시 무척 소망했기에 자비로운 이 한 분을 대신할 다른 무엇을 찾지도 구하지도 말자고 얼마나 기도했던지요. 그렇지만 제가 불안할 때나 고통을 겪고 있을 땐, "하느님 한 분만으로 족하다"는 생각을 의심하며 휘청거렸습니다. 어리석었습니다만 고백합니다. 제가 하느님을 그리워할수록 하느님 한 분 말고 아무것도 소유하지 말라는 말은 이상하게 고문처럼 들리곤 했습니다.

몇 년 전, 수술실에 들어가려고 침대 위에 누워 있던 적이 있었는데 그때가 제겐 하느님에 대한 전적인 신뢰가 몹시 필요한 순간이었어요. 수술 후에 판명될 알 수 없는 결과들과 상황 때문에 저는 몹시 불안하고 초조했습니다. 쓸데없는 의심들 대신 시원한 답이나 어서 나오기만 애타게 기다리면서요. 거기에 그렇게 누워서, 병원이 아니라면 어디라도 좋겠다는 기도를 드리던 도중, 저에게 갑자기 순종하는 마음이 생기더군요. 그래서 진심으로 이렇게 기도했습니다. "당신 손 안에 저를 맡기옵니다." 그러자 깊고 깊은 평화가 저를 에워쌌습니다. 은혜로운 그 순간, 하느님을 완전히 신뢰하면서 그분께 온전히 저를 맡길 수 있었어요. 그때 하느님은 늘 나와 함께하시는 분이므로 어떤 일이 생겨도 다 괜찮다는 걸 깨달았습니다.

비움의 시간... 그 시간은 자신이 유독 약하게 느껴지는 시간이므로 하느님을 신뢰하는 일이 어느 때보다 쉽지 않습니다. 그러나 하느님을 신뢰하면 할수록 우리의 두려움도 쉽게 몰아낼 수 있습니다.

오늘은 '신뢰'에 대해 묵상하기 좋은 날입니다. 사람을 신뢰했던 경험을 떠올려봅시다. 인간관계에서 상대를 깊이 신뢰해 본 적이 있다면 하느님을 열린 마음으로 더 깊이 신뢰하게 될 겁니다. 그런데 만약 누군가에 대한 신뢰가 깨져 상처를 입은 기억이 있다면, 신뢰에 대한 믿음을 회복시켜 달라고 하느님께 기도드려 봅시다. 오늘은 여러분에게도 하느님 한 분만으로 충분한 하루가 되었으면 좋겠습니다.

〈오늘의 묵상〉

호흡기도
    숨을 들이쉬며: 신뢰합니다…
    숨을 내쉬며:…나의 삶으로

묵상
    내 앞 안정된 곳에 컵을 놓습니다.
    하느님의 사랑을 받고 싶은 내 마음을 깨닫습니다.
    눈을 감습니다. 하느님 가까이 갑니다. 안전하다고 느낍니다. 이 안전한 느낌을 즐깁니다. 하느님만으로 충분하다고 느낍니다. 내가 평화 속에 있듯 하느님 사랑을 감싸 안습니다.

성서: 시편 56
    제가 두려울 때 당신을 신뢰합니다.
    하느님이 나를 위해 계심을 저는 압니다.(시편 56:2, 9)

영성 일기

하느님을 신뢰하지 못하게 방해하는 것은 무엇일까?
내가 신뢰하는 사람들을 기억하고 나에게 신뢰를 품은 사람들도 기억한다.(이름을 적는다. 무엇이 그런 안전함과 신뢰감을 주었는지 떠올려 본다.) 하느님과의 대화를 적어 본다. 하느님에 대한 신뢰와 '하느님 한 분 만으로 충분'하기를 기도드린다.

기도

아무것도 방해하거나 놀라지 말게 하소서.
아무것도 제게서 평화를 빼앗지 않게 하소서.
당신이 주실 것을 믿으며
신뢰와 인내로 기다리게 하소서.
주님, 당신 안에서
저는 아무것도 부족하지 않아요.
당신은 저의 강한 반석입니다.
당신은 제게 충분한 분입니다.

오늘의 다짐

무엇이, 누군가 나의 평화를 깨뜨리려고 할 때 보호하시고 힘을 주시는 당신을 신뢰하면서 저의 얼굴을 당신께 돌립니다.

6일

홀로 있음

나는 중심을 잃고 말았습니다. 사방으로 흩어진 느낌입니다, 산산조각이 나서. 혼자 있을 시간이 지금 저에게 절실합니다. 하나하나 곱씹어 보며 이 일이 왜 생겼는지 그 속에 든 본질과 정수를 뽑아내보고 싶습니다.

― 메이 샤르통

우리가 자신의 잔을 비우고 나면 인생에서 참으로 가치 있는 것을 그 공간에 담을 여유가 생깁니다. 이곳은 우리가 일상의 번잡함을 떨치고 고요해지는 순간에 대면하게 되는 깊은 나로부터 나온 진실을 자유롭게 받아들이는 마음 속 공간입니다. 홀로 있음은 우리를 깊이 듣게 합니다. 그리고 비워야 할 것과 받아들여야 할 것을 선명한 내적 분별력으로 식별케 합니다. 하느님과 자신을 새롭게 알아차릴 수 있는 힘도 고독 속에서 얻어집니다.

홀로 있음은 사랑하시는 분과 독대하기 위해 우리가 의도적으로 선택한 빈 공간입니다. 고독 속에서 우리는 이 선함을 진정으로 맛볼 수 있으며 또한 그분을 깊이 듣기 위해 비어 있는 이 공간을 기꺼이 내드릴 수 있습니다. 나날의 자질구레함에 매몰되거나 쇼핑가 주변을

분주하게 맴돌 때는 오로지 표층적인 삶이 우리를 유혹합니다. 홀로 있음은 얄팍한 표피적 삶에서 우리를 떼어냅니다. 단순한 정신, 단순한 마음으로 아무것도 방해받지 않고 홀로 있을 때, 우리 안에서 맺은 놀라운 열매들이 표층으로 올라오게 됩니다. 만약 영적 성장의 방법을 배우고 싶다면 고독을 연습하면 됩니다.

홀로 있는 시간은 편안하지도 않으며 위로를 주는 것도 아닙니다. 항상 그 시간이 만족스러워야 한다는 의미가 아닙니다. 때로 우리가 너무 아파서 극복하기 어려웠고, 피하고 외면하고 싶었던 자기 안의 무엇과 대면해야 하는 시간이 홀로 있을 때입니다.

홀로 있으면 외롭고, 안절부절 못하게 되고, 아픈 기억들이 찾아듭니다. 고독 속에서 안절부절 못하게 되고, 외롭고, 불유쾌한 감정들이 밀려들더라도 그냥 그런 감정들과 같이 있어 봅시다. 피하지 맙시다. 눈물을 흘려도 좋고 기쁜 마음으로 있어도 좋지요. 우리 가슴 밑바닥에 흐르는 하느님을 향한 그리움이 사무쳐도 좋습니다. 자신에 대한 자비심도 좋습니다. 하느님이 우리와 함께 고독 속에 계시므로 이 순간의 모든 것은 마침내 아름다운 열매를 맺을 것을 신뢰하면 됩니다.

영적 여행을 통해 성숙하게 됐을 땐 홀로 있을 때 일어나는 기분과 상태를 있는 그대로 수용하게 됩니다. 갈망하는 것에 덜 집착하게 되고 원치 않아도 뿌리치지 않게 됩니다. 고독은 하느님과 함께 '있는' 법을 배우게 하며 삶에 의미를 줍니다. 우리에게 어디에나 계신 하느님의 임재를 다시 느끼도록 도와줍니다.

홀로 있어 봅시다. 그곳에 하느님이 우리를 기다리고 계십니다.

〈오늘의 묵상〉

호흡기도

    숨을 들이쉬며: 주님...

    숨을 내쉬며:...나의 사랑

묵상

    내 가까이에 컵만 놓고.

    다른 것은 깨끗이 치웁니다.

    이 컵 홀로 나의 고독을 부르게 합니다.

    이 시간 동안은 갈망을 모두 흘려보냅니다.

    긴장을 풀고 천천히

    "주님, 당신은 제게 충분합니다." 하고 반복합니다.

    이 놀라운 진리를 반복하며 미소를 짓습니다.

    내 안 깊은 곳까지 이 메시지가 전달되게 합니다.

성서: 마태 6:5-6

    그러나 기도할 때 방으로 들어가 문을 닫고

    너의 은밀하게 계시는 하느님께 기도드려라(마태 6:4)

영성 일기

    홀로 있을 때 내가 싸우고 있는 것은...

홀로 있을 때 복된 것은...
하느님, 나의 사랑...

기도

내 영혼이 사랑하는 당신,
당신을 감싸 안고 싶습니다.
당신이 주시는 사랑을 맛봅니다.
도전들을 인정합니다.
저를 변화시켜주는
진리를 받아들입니다.
그것에서 도망치지 않을 용기를 주소서.
나의 기대, 시간표를 떠나보냅니다.
이 고독을 통해 내 삶이 온전해지게 하소서.

오늘의 다짐

언제나 홀로 있는 시간을 낼 것입니다.
주님으로부터 오는 그 시간을 받아들이겠습니다.

7일

종합/성찰

1. 지난 6일 동안의 묵상을 다시 되새겨 봅니다.
2. 영성 일기 중 특별하게 가슴에 남은 중요한 것을 적어둡니다.
3. 이번 주일 묵상을 간략하게 요약합니다.(그림그리기, 찰흙 빚기, 춤도 요약을 대신할 수 있습니다. 아니면 컵을 그려서 크기와 모양, 형태, 내용, 컵 위에 이번 주의 체험을 상징할 메시지 적어두기 등을 해도 좋습니다.)

메모

호흡기도를 할 때 어떠셨나요? 도움이 되었나요? 어려웠나요? 생각이 흐트러졌나요? 별로 의미가 없이 느껴지던가요?

숨을 마시고 내쉴 때 방해를 받고 집중하기 어려우면 그저 숨을 마시고 내쉰다는 말에만 집중해보세요. 숨을 마시고 내쉬면서. 말조차 방해가 된다면 말도 다 잊어버리고 숨만 마시고 내쉬면 됩니다.

긴장을 푸셔요. 허리를 세우십시오. 여러분을 인도하시는 하느님을 신뢰합니다.

셋째 주

이 빠진 잔

이 빠진 잔

1일: 완벽한 잔
2일: 잔의 그림자
3일: 씻은 잔
4일: 자비로운 잔
5일: 어떤 잔이 최고일까?
6일: 지혜로운 잔
7일: 종합/성찰

이 주간의 묵상

수피께서 말씀하셨다. 참된 진리는 사랑으로 전해야 한다고... 우리는 자기 자신을 친절하게 대할 수 있을까? 어리숙하고 느려터진 자기의 변화를 부드럽고 사랑스러운 눈으로 지켜볼 수 있을까? 고집스러움과 허약함도 부드럽고 사랑스러운 눈으로 바라볼 수 있을까?

— 웨인 뮬러

어느 날, 내 친구 팻은 옛날에 자기 어머니가 준 큰 사발 이야기를 했습니다. 그는 가족들이 모일 때마다 예쁜 동양 무늬들이 새겨진 그 사발을 오래 썼노라고 했습니다. 예쁜 무늬들은 세월과 함께 흐릿해져 갔고, 오래 쓰다 보니 어느 쪽에는 금이 가고 또 여기저기 이도 빠지게 됐답니다. 한땐 금이 가서 "흉한 쪽"은 유리그릇장 안에 보이지 않는 곳에다 놓고 썼는데, 오히려 지금은 그쪽을 바깥으로 보이게 돌려놓고 오고가는 이들이 보며 그릇이 가진 내력을 즐긴다고 하더군요. 팻은 나이가 들수록 사발에 마치 자기 인생이 투영돼 있는 것 같아서 자기와 사발을 동일시하게 된다면서 이렇게 말했습니다. "왜 그런지 저 그릇은 꼭 나인 것 같아! 나도 뚜렷한 세월의 흔적 몇 가지를 갖고 있잖니."

살아낸 흔적이 고스란히 담긴 그의 지혜로운 이마와 주름진 얼굴을 유심히 바라보다 그만 둘이서 웃고 말았습니다. 정말입니다. 인생을 온 몸으로 살아내면 세월은 안팎으로 우리에게 고스란히 그 흔적을 남깁니다. "홈 하나 없는 그릇"이란 그릇장 안에 조심스럽게 모셔져 있었거나, 찬장 안쪽에서 먼지나 뒤집어쓰고 한 번도 사용된 적이 없이 사람들에게 기쁨을 주지도, 사랑을 받지도 못하는 그런 그릇들이 아닐까요. 홈이 안 난 그릇들은 결코 적극적으로 삶에 개입한 적이 없기 때문에 다른 사람을 돌보는 기쁨 또한 누려본 적이 없을 겁니다.

그러나 홈이나 결점이 없는 인간이 어디 있을까요. 팻의 사발이나 날마다 우리가 마시는 커피잔 혹은 찻잔처럼 불룩 튀어 오르고, 깨지고, 긁히고, 금이 가고, 이전의 완벽한 인생이라는 그릇으로 돌아갈 수 없게 만든 이가 빠진 자국들을 우리도 역시 가지고 있습니다. 또한 우리는 신체적인 결함(우리 문화적 기준에 미달하는)과 내적인 결함뿐 아니라 얼룩 많은 영혼의 소유자이기도 합니다. 타인의 자질을 흠모하여 그걸 자기 것으로 삼고 싶어 하는 사람들이 주위에 참 많이 있습니다. 그들은 만족할 수 없는 자신의 됨됨이, 상황과 힘겨운 싸움을 벌입니다.

"내 맘에 안 드는 이런 점만 고치고 나면 얼마나 삶이 평온해질까. 내가 내 맘에 좀 더 들게 될 거고 다른 사람들도 날 훨씬 좋아하게 되지 않을까." 하는 생각이 저에게도 곧잘 들곤 했지요. 어느 정도 맞는 말이면서도 중요한 오류가 있는 말입니다. 아무리 '착해도' 평탄하기만 한 인생은 없으며, 사람은 누구나 결점을 가진 인간으로 살아갈 수밖에 없기 때문이지요. 최상의 기분이 언제나 유지될 수는 없으며, 아무리 '완벽'해도 모든 사람들이 다 자기를 좋아할 리도 없습니다.

이제 나는 나의 결점들을 다른 시선으로 봅니다. 완벽한 인간이 되려는 것 자체가 얼마나 역설적인가요? 성숙해져서 예수님의 가치관을 따르는 사람이 되는 일, 그보다 더 중요한 게 어디 있을까요. 굴 껍데기 속 한 알의 모래 알갱이가 쓸리고 갈린 후 아름다운 진주로 탄생하듯이 나의 결점들은 귀중한 보물들입니다. 나의 단점들이 저를 성찰하게 도와주기 때문입니다. 그것들은 하느님의 자비가 제게 얼마나 절실한지 깨닫게 해줍니다. 나의 흠들이 타인의 결점을 이해하고 공감하게 만듭니다. 불완전하기에 저는 끊임없이 변화하고 성장하고 있습니다. 내 결점들이야말로 나로 하여금 인생의 참 맛을 느낄 수 있도록 도왔습니다.

자신을 용납한다는 의미가 자신과 이웃에게 고의적인 해를 끼친 태도와 행동까지 용서하라는 뜻은 아닙니다. 이런 오점들이라면 씻어내야만 합니다. 만일 한 번도 씻은 적이 없는 컵이 있다면, 결국 그 컵은 더러워질 수밖에 없지 않습니까. 컵을 씻어두듯이 나만의 아름다움이 반짝반짝 빛날 수 있도록 자신을 늘 깨끗하게 씻어둬야 합니다.

자기의 못난이 자아를 인정하는 일은 우리가 영적인 성숙을 향해 걸어가는 도상에서 대면해야만 하는 엄청난 장애물 가운데 하나라고 생각합니다. 한층 애정 깊은 인간으로 계속 성장하기 위해서 그것은 우리에게 필요하며 동시에 자신의 가치를 있는 그대로 인정하고 자신을 받아들이는 데에도 중요한 역할을 해줍니다. 이번 주엔 우리 모두 흠투성이인 자기를 비난하지 맙시다. 그보다 자신의 결점들을 있는 그대로 들여다봄으로써 하느님과 이웃들과의 관계에서 그것이 어떤 작용을 했는지 알아차려봅시다.

　　나에게 지금은
　　내 흠을 들여다 볼 시간
　　이제 그만 놀라요

　　나에게 지금은
　　완전무결의 충동을 멈추는 시간
　　내 흠을 받아들여요

　　나에게 지금은
　　하느님만의 선한 시간 속에서
　　천천히 다가오는 성장을 받아들이는 시간
　　당황하게 만드는 윽박지름을 신경 쓰지 말아요

　　나에게 지금은

나의 인간됨을 감싸 안는 시간
나의 불완전함을 사랑해요

나에게 지금은
원치 않는 것을 소중히 여길 시간
모르는 것을 환영하는 시간
미완성을 아껴요

내 자신을 사랑하기 전에 완전해져야 한다면
나는 언제나 불만족스럽고 고맙지도 않을 거예요

모든 흠, 조각난 것, 금간 것들이
사라질 때까지 기다려야 한다면
나는 선반 위에 놓인
한 번도 쓴 적 없는 컵이 될 거예요.
　　- 조이스 럽

1일

완벽한 잔

완벽주의란 사람들의 적, 억압자의 음성입니다.
그것은 그대를 속박하여 꼼짝 못하게 만들 것이며
온전한 그대의 삶을 비정상으로 만들 겁니다.

— 앤 라모트

어느 목사님의 은퇴 준비를 도운 적이 있었는데, 그 무렵은 그에게 정말 중요한 날들이었습니다. 목사님은 하느님의 깊은 사랑을 받은 장점과 단점이 어우러진 한 인간인 자신과 천천히 타협을 하고 있었습니다. 우리가 함께했던 시간들이 끝나갈 즈음, 비움과 채움을 상기시켜 줄 컵 하나를 목사님에게 선물하기로 마음먹었습니다.

선물가게에 들어서자 빨간 하트 모양이 그려진 커다랗고 하얀 컵이 내 눈에 쏙 들어왔습니다. 아, 그런데 그걸 집어든 순간, 컵 손잡이에 이가 빠진 자국이 보이지 뭡니까. 당장 "어머, 어쩌면 좋아. 이 컵이 그분에게 딱 좋은 선물이었는데." 하는 생각이 들었습니다. 컵을 도로 내려놓으려는데, 이거야말로 그분께 정말 잘 맞는 선물이라는 생각이 불현듯 들었습니다. 하느님이 자기를 사랑하기 전에 자신이 완벽한 인간이 돼야 한다는 집착에서 비로소 벗어나기 시작했다고 그분이 말한 적이 있기에 저는 이 빠진 자국이 있는 그 예쁜 컵이 그분께 날마다 새로운 깨우침을 줄 것 같았어요.

성서학자들은 "너희의 하늘 아버지께서 완전한 것처럼 너희도 완전해져라"는 구절은 오역이라고 지적했습니다. 실제로는 "하느님이 온전하신 것처럼 너희들도 온전해라."고 기록됐다는 것이죠. 온전함이란 개별적인 부분들이 점차 통합되어 일치를 이뤄가는 과정을 의미하므로 하나하나는 굳이 완전해야 할 이유가 없습니다. 온전함 혹은 거룩함은 오르막과 내리막이 있는 우리의 전 생애에 걸쳐 형성됩니다. 온전함은 하느님의 도움과 보호 없이는 결코 도달할 수 없으며 타인과의 상호의존 없이도 이를 수 없습니다.

자기의 실수와 단점에 초점을 맞추게 되면 우리는 대부분의 에너지를 거기에 쏟아 붓게 됩니다. 루이스 헤이는 "자기 자신에 대한 비난을 멈춰야 한다. 비난은 자기의 문제점에 빠져 꼼짝달싹 못하게 만들 뿐 우리에게 아무런 도움이 되지 않기 때문이다."라고 했지요(〈당신은 자기 삶을 치유할 수 있다〉에서). 반복적으로 자기비판에 빠지면 우리는 희망을 잃거나 자신만의 미덕도 놓치게 됩니다. 우리의 성장을 돕는 분은 하느님이라는 시각도 잃어버리고요. 우리의 최종 목표가 "완벽해지는 것"이라면 자신의 결함 속에서 내내 허우적거릴 수밖에 없습니다. 이웃을 사랑하며 이웃과 서로의 재능을 나눠야 한다는 사실을 까맣게 잊고서. 완전해지기 위해 우리는 자신을 스스로 억압하거나 자기몰입의 굴레 속에 방치할 수도 있습니다. 궁극적 목적은 '나'이며, 수고는 "내가 완벽하게 수행해 내려는 노력"이 되고 맙니다.

자신과 타인의 어떤 점을 인정하고 어떤 점은 거부하고 있는지 깨달아 봅시다. 내가 지금 기대하고 있는 게 무언지 알아차립시다. '완전해지려는' 욕구가 내 태도와 행동에 얼마나 지대한 영향을 끼치고 있을까요?

〈오늘의 묵상〉

호흡기도
    숨을 들이쉬며: 사랑받으며, 사랑받으며...
    숨을 내쉬며: ...내 모습 이대로 사랑받으며

묵상
    컵을 두 손으로 듭니다.
    컵을 자세히 들여다봅니다.
    갈라진 틈이나 홈을 알아봅니다.
    컵만이 지닌 색깔, 모양, 크기 등을 즐깁니다.
    눈을 감고 하느님 손 안에 있는 나를 그려봅니다.
    나의 안팎을 하느님이 어떻게 살피시는지 느껴봅니다.
    하느님께서 나의 오점과 실수를 보시도록 합니다.
    나의 그대로를 웃으며 즐기시는 하느님을 상상합니다.

성서: 시편 139
    주님께서 내 장기를 창조하시고
    내 모태에서 나를 짜 맞추셨습니다.
    나를 이렇게 오묘하게 지어주셔서 찬양합니다...

당신의 작품은 놀랍습니다.(시편 139:13-14)

영성 일기

나 자신에게 걸고 있는 기대와 다른 이들에게 걸고 있는 나의 기대는 무엇인가?

특히 내가 인정하려고 싸우는 특정한 나의 면모와 하느님 사이의 대화를 적어본다.

사랑의 주님, 당신이 있는 그대로의 나를 웃고 즐기시는 걸 상상할 때, 나는 …

기도

사랑의 주님, 당신께서 결코 쓰레기를 만들지 않으셨음을 저는 오래 전에 알았습니다. 온전함이라는 목표를 향해 인생 여행을 하는 인간으로 저를 빚으셨습니다. 이 여행은 성숙을 위한 여유와 깨달음을 위한 공간이 필요합니다. 매일매일은 당신께서 빚으신 인간이 되기 위해 제가 당신의 도움과 사랑을 받는 기회입니다. 내가 스스로를 충분히 사랑할 수 있도록 도와주시고 당신의 안내에 따라 저도 성숙해 감을 믿게 하소서. 당신이 저를 지으시고 오묘하게 창조하셨음을(시 139:14) 자주 생각하게 하소서.

오늘의 다짐

내 자신이나 타인의 잘못을 찾아내 비난하지 않을 겁니다.

2일

잔의 그림자

그림자를 친구로 사귀게 되면 부족한 인간으로서의 자신을 받아들이게 됩니다. 우리는 어두운 면을 가지고 있습니다. 우리가 전부 빛은 아니니까요.

― 윌리엄 밀러

무엇이든지 빛 앞에 서면 그림자가 생깁니다. 자기 그림자를 떼어 내려고 안간힘을 쓰다가 결국 앞지르지 못했던 어떤 사람의 이야기를 들어보셨지요? 이 이야기를 우리 내면과 한번 비교해 볼까요. 우리의 인격 속에도 우리가 떨쳐버리고 싶고, 떼어 버리고 싶은 어떤 점들이 있습니다.

유명한 스위스의 정신분석학자인 칼 융은 '그림자'를 우리 내면의 세계에 존재하는, 우리가 알지 못하거나 알고 있지만 거부하고 싶고, 받아들이기 힘든 그 무엇이라고 설명합니다. 그림자는 우리 영혼의 일부이며 어둠 속에 잠긴 자아입니다. 그림자는 긍정적인 자질일 수 있지요. 자신이 소중한 사람이라고 믿어 본 적이 없는 여성의 자존감이 그의 그림자일 수 있습니다. 항상 속이고 싶은 충동을 지닌 남자의 정직함이 그의 그림자일 수 있습니다. 이기적인 인간 안에 깃든 깊은 자비심이 그의 그림자이기도 합니다.

그림자가 가지고 있는 부정적인 특징은 완고함, 탐욕, 질투, 욕정, 증오, 자기 연민과 같은 성향이 우리의 일부임을 믿지 않으려는 것입니다.

우리의 결점들이 그 자체로 죄가 아니듯 우리 그림자의 이런 부정적인 특성을 딱히 죄로 볼 수 없습니다. 그림자를 자기와 이웃에게 의도적으로 해를 끼치는 도구로 삼는다면 그것은 죄가 되지요. 이미 인격의 일부가 된 단점들이 예상치도 않은 순간 불쑥 튀어나와 통제할 수 없을 때가 있습니다. 그림자들은 우리의 앞길을 막고 불편하게 만들면서 우리가 완전하지 않다는 걸 깨우쳐줍니다. 하지만 온전하게 성장하기를 원한다면, 자기 안에 드리운 수많은 그림자를 인식해야 하고, 인정해야 합니다.

〈당신의 그림자를 친구로 사귀라〉는 책에서 윌리엄 밀러는 우리가 자신의 인격 속에서 그림자를 알아차리도록 도와주는 가장 위대한 협력자는 예수님이라고 강조합니다. 예수님의 슬기롭고 예지 있는 가르침들은 모두 "온전함에 대한 이해"였다고 그는 말하지요. "온전함에 대한 이해"란 우리가 아는 것, 모르는 것, 원치 않아도 이미 우리의 인격의 일부가 되어 있는 모든 것을 포함합니다. 예수님은 진리를 주장하신 분이셨습니다. 그렇기 때문에 자기를 깊이 성찰하여 참된 자기 정체성을 찾아가야 한다고 사람들을 강하게 몰아붙이셨습니다.

자신을 더 온전해지도록 도와주는 여러분의 그림자가 어떻게 긍정적으로 표출되기 바라십니까? 자기 인격에 좀처럼 받아들이기 어려운 면이 있습니까? 인생을 더 깊이 배우기 위해 꼭 필요한 자기의 그림자와 어떻게 친구가 될까요?

〈오늘의 묵상〉

호흡기도

숨을 들이쉬며: 사랑의 현존이신 주님…

숨을 내쉬며: …저는 성숙하고 싶습니다.

묵상

전등이나 촛불 앞에 컵을 놓아 그림자가 생기도록 합니다.

컵과 그 그림자를 바라봅니다.

그림자가 나 자신에 관해 말하는 것을 듣습니다.

컵의 그림자 위에 나의 손을 내려놓습니다.

내가 알지 못하는 영역과 친구가 되고, 또한 내 그림자로부터 배울 수 있게 해달라고 하느님께 간구합니다.

성서: 마태 7:1-5

네 눈 속에는 들보가 있는데, 어떻게 남에게 말하기를 "네 눈에서 티를 빼내 줄 테니 가만히 있거라" 할 수 있겠느냐?

영성 일기

나에게 차라리 없었으면 하는 성향과 대화를 나눕니다.

'그림자'에 관해 생각할 때, 가장 먼저 떠오르는 생각들과 감정들은 무엇인가?

아무런 조건 없이 사랑하시는 하느님께서는 ...

기도

제 인생의 안내자이며 동반자이신 주님,
제가 원하는 성질들과 원하지 않는 성질들이 모두 자리
잡고 있는 그림자의 영역으로 저를 데려 가소서.
내면의 적들을 직면할 용기를 주소서.
제 안에서 아직 발달되지 않았지만 앞으로 함께 할
측면들을 볼 수 있도록 저에게 빛을 채워주소서.
이제까지 자신의 일부임을 인정할 수 없었던
어느 면에 조금이라도 깃든 선함을 받아들이게 하소서.
저를 사랑으로 채워 주셔서
저 자신의 있는 모습 그대로를
사랑할 수 있게 하소서.

오늘의 다짐

물건의 그림자를 볼 때마다, 나의 내면의 그림자를 인식하고 받
아들일 수 있도록 하느님께 기도하렵니다.

3일

씻은 잔

> 그대의 천성은 다양합니다. 빛과 어둠. 친절과 무뚝뚝함. 변덕스러움과 안정감. 그대는 결코 완벽하지 않지요. 그러나 그대는 지금의 자기보다 나아질 수 있어요. 그대 자신의 노력으로, 한번 해 보셔요.
>
> — 낸시 우드

어느 날 동료 한 사람이 제 사무실에 들렀습니다. 사무실에 들어와 제 책상 옆을 지나다가 저의 빈 커피잔을 힐끗 쳐다보시더군요. 그러더니 다시 자세히 들여다보며, "와아, 그 컵 정말로 더럽네!" 하고 웃었습니다. 그이의 말에 깜짝 놀라 컵을 들여다봤더니, 아닌 게 아니라 변색도 됐고 얼룩도 심했습니다. 그 컵을 언제 깨끗하게 문질러 씻어봤는지 통 기억이 안 났습니다. 그날 밤 저는 세척제를 가지고 빡빡 씻어보았습니다. 신기할 정도로 깨끗해지더군요. 작은 손길 한 번으로 이렇게 깨끗해질 수 있다니요.

괜찮은 인간으로 살아가려면 내 커피잔처럼 자기 안의 얼룩들을 규칙적으로 씻어내야 하겠지요? 내면을 깊이 성찰하지 않은 채 대충 살다 보면, 자기 인생 역시 나태함과 일상에서 묻어온 얼룩들로 쉽게 때가 끼기 마련이니까요. 이 얼룩이란 오래된 사고의 습관일 수 있으며 자신과 타인에게 상처를 입히는 고삐 풀린 감정 같은 것이기도 하지요. 삶을 가꾸기보다 함부로 낭비하며 살아가는 건전치 못한 태도로, 아니면 자신과 타인의 세계에 해를 끼치는 또 다른 차원들이 얼룩으로 변질되기도 합니다. 반복적으로 쌓는 제 자신의 얼룩은 자아도취입니다. 제 안 깊숙이 똬리를 틀고 앉은 자기중심적 자아도취를 몰아낸 후에야 타인에 대한 민감한 감수성이 비로소 저를 채우기 시작합니다.

자기 얼룩은 반드시 자기 스스로가 알아차려야 하는데, 그 얼룩 많은 자신을 끝까지 온전하게 사랑해야 한다는 점이 얼룩이 가진 모순이지요. 변화를 이뤄내야 할 자기 영혼을 비난하거나 지배하거나 망가뜨려서는 안 됩니다. 변화하고자 하는 열망의 불을 지피는 더 큰 선이 자기 안에서 움직이고 있음을 우리는 꼭 알아야 합니다. 내 안에 오랫동안 쌓아온 선한 보물창고가 있음을 믿을수록 자신이 애정 깊은 인간으로 성숙하는 것도 믿게 됩니다.

뺄 수 있는 얼룩, 죽을 때까지 남을 얼룩, 그것들이 모두 제 안에 공존한다는 사실은 또 다른 역설입니다. 저는 하느님께서 계속 이끌어주시길 기도합니다. 무엇이 영적 끈기를 필요로 하는 얼룩인지, 무엇이 나의 인격의 일부가 된 얼룩인지 구별할 수 있게 해달라고요.

내 안에 씻어야 할 얼룩을 볼 수 있는 분별력을 달라고 하느님께 기도합니다. 어떻게 얼룩을 뺄 수 있는지 가르쳐 달라고 기도합니다. 인내하며 기다린 후에, 번잡스러움, 도전받는 일들, 사랑의 감정, 새로운 생각들, 미리 알아채지 못한 얼룩들이 씻어지는 방식들을 받아들입니다.

〈오늘의 묵상〉

호흡기도
  숨을 들이쉬며: 오 하느님, 내 속에...
  숨을 내쉬며: ... 깨끗한 마음을 창조하옵소서

묵상
  자리에 앉아 컵을 두 손에 받쳐 듭니다.
  컵에 얼룩이 있는지 살펴봅니다.
  내 속에 있는 얼룩을 보도록 하느님께 도움을 구합니다.
  컵에 얼룩이 있든 없든, 싱크대로 가져갑니다.
  기도하는 마음으로 컵을 비누와 물로 씻어냅니다.
  그러면서 내 영혼의 더러움이 씻어지기를 기도합니다.

성서: 시편 51
  아, 하느님, 내 속에 깨끗한 마음을 창조하여 주시고
  내 속을 견고한 심령으로 새롭게 하여 주십시오.(시 51:10)
  먼저 잔 안을 깨끗이 하여라. 그리하면 그 겉도 깨끗하게 될 것이다.(마태 23:26)

영성 일기
  나 자신을 성찰할 때, 내가 정기적으로 씻어낼 필요가 있다고 생각하는 이유들은 …

내 얼룩들을 씻어낼 수 없다고 생각할 때, 나는 …

하느님께 감사하게 되는 것은 …

기도

   오 하느님, 내 속에 정한 마음을 창조하여 주소서.

   언제나 저의 내면세계를 살필 수 있도록 도와주소서.

   저의 아름다움과 놀라움을 볼 수 있게 하소서.

   씻어내야 할 것들,

   정화되어야 할 것들도 볼 수 있게 하소서.

   사랑스럽지 못한 모습들을 씻어주시고,

   당신의 사랑에 더욱 가까이 다가가도록 인도하소서.

오늘의 다짐

   손을 씻거나, 샤워를 하거나, 설거지를 할 때, 나의 영혼도 깨끗이 씻을 필요가 있음을 기억하겠습니다.

4일

자비로운 잔

자기 잘못을 고백함으로써 시작되는 하느님과의 대화는 억압적이지 않다. 해방감을 준다. 아마도 난생 처음으로 자기가 어떤 사람인지 정직하게 대면하는 순간이기 때문일 것이다. 거짓이라곤 찾아볼 수 없는 유일한 분과 정직하게 대면하는 순간이기 때문일 것이다.

― 에밀리 그리핀

불완전한 인간의 조건은 인간이란 실수를 저지를 수밖에 없다는 점입니다. 베아트리체 부르토는 "실패는 인생 여정의 한 부분이다."라고 썼습니다(〈부활절의 신비들〉에서). 웹스터 사전에 의하면, 실수란 의무, 책임, 기대치의 결여, 바라는 결과에 이르지 못함, 불충분함, 짧게 끝남, 통과하지 못함, 완전히 충족되지 못함, 빠뜨리거나 소홀함으로 풀이됩니다.

저는 아무리 노력을 해도 매번 같은 실수를 반복합니다. 똑같은 실수를 수없이 저지르고, 결단력도 부족하며 섣부른 판단으로 즉석에서 직선적인 말을 내뱉곤 합니다. 그 중에는 의도적인 행동들도 있고, 의도는 없었지만 상황이 엉망이 되는 경우도 더러 있습니다. 실패가 은총이 될 때는 그로 인해 진실을 보게 될 때겠지요. 낙담이나 후회, 자기비하에 빠지지 않는다면 말입니다.

예수께서 가까이 불러 모은 사람들을 보면 알 수 있습니다. 그들은 모두 실패를 겪었으며 흠이 많은 인간들이었습니다. 예수님은 평범하기 짝이 없는 그들이 온전해지길 얼마나 애타게 바라셨던지, 그들을 가르치고 이끌어주시기 위해 온 마음을 쏟으셨습니다. 그러나 우리는 완벽하게 잘 살고 있다고 자처하는 사람들, 곧 율법학자들이나 바리새인들 곁에 계셨던 예수님을 찾아볼 수 없습니다. 오히려 예수님은 그들을 향해서 때로 서슴없이 비난을 하셨지요.

하느님께서 우리를 만나러 오실 때는 우리 삶이 우리 뜻대로 되지 않을 때입니다. 우리는 덜 상처받고 싶고, 덜 무능했으면 싶고, 더 이상 갈팡질팡하지 않았으면 합니다. 우리는 삶이 단순하고 온전한 상태로 이어지길 바라고 있지만, 하느님이 우리와 만나러 오시는 것은 바로 우리의 평범하고 흠 많은 인간 조건을 통해서입니다.

실패의 원인은 아무래도 상관이 없습니다. 우리는 실수를 저질러 버린 스스로를 마침내 용서해야 합니다. 하느님과 나로 인해 상처받은 사람들에게 용서를 구해야만 합니다. 그런 다음 우리에게 연민의 잔을 내미시며 팔을 뻗치고 계신 영원하신 한 분께 신뢰로 다가갑니다. 우리가 자신을 세상에서 가장 큰 낙오자로 여기더라도 하느님은 언제나 우리를 환대하고 계심을 성경은 분명히 전하고 있습니다.

오늘은 흠이 많은 내 인생을 바라봅시다. 그 안에 하느님을 모셔 드립시다.

〈오늘의 묵상〉

호흡기도
 숨을 들이쉬며: 당신의 자비 가운데 ...
 숨을 내쉬며: ... 당신의 사랑 가운데

묵상
 인생의 실패 하나를 기억합니다.
 그 실패를 작은 종이에 한 단어로 씁니다.
 그 종이를 나 자신을 상징하는 컵 속에 넣습니다.
 컵을 두 손으로 듭니다.
 그 실패를 손에 들고 있는 마음의 변화를 살핍니다.
 나의 생각과 감정에 관해 하느님께 아룁니다.
 하느님의 이해와 자비를 구합니다.
 하느님의 응답에 조용히 귀를 기울입니다.
 그리고 종이를 꺼내어, 잘게 찢어 버림으로써 이 실패를 마음에서 내려놓습니다.

성서: 시편 25편
 주님, 먼 옛날부터 변함 없이 베푸셨던, 주님의 긍휼하심과 한결같은 사랑을 기억하여 주십시오.(시 25:6)

영성 일기

    내가 아직도 용서받아야 할 실수는 …

    내가 저지른 실수를 어떻게 생각하며 무엇을 느끼는가?

    그런 실수로 인해서 나는 변했는가? 어떻게?

    자비의 하느님께서는 …

기도

    자비의 샘이신 주님,

    저를 맞아주시니 감사를 드립니다.

    저의 인간적인 실패들을 이해하시고,

    저의 불완전함을 품어주시며,

    저로 하여금 실패를 딛고

    일어나도록 도와주시니

    정말 감사합니다.

    저를 향하신 주님의 친절하심이

    얼마나 크고 은혜가 넘치시는지요.

오늘의 다짐

    적어도 하루에 한 번은 나 자신에게 자비로운 마음으로 인사를 하렵니다.

5일

어떤 잔이 최고일까?

> 위대한 신비 안에서, 우리는 진정 아무것도 소유하지 않았다.
> 그렇다면 차례로 똑같은 문을 빠져나가기 전,
> 우리가 느끼는 이 경쟁심이란 대체 무어란 말인가?
>
> ― 루미

그에 대한 기억이 분명합니다. "보배로운 피"라는 종교단체의 미국인 회원이었던 그의 이름은 설리 콜머였지요. 라이베리아에서 내가 그를 만났을 때, 그는 시골 고등학교 선생님이었습니다. 흰 머리가 우아했던 설리는 아주 활발한 여성이었어요. 웃을 때 위쪽 앞니 사이의 틈이 훤히 들여다보이곤 했지요. 만약 그가 미국에 살았다면 틀림없이 사람들은 빨리 교정을 해야 한다고 치과로 보내려고 안달했을 겁니다. 라이베리아에서는 그렇지 않았어요. 앞니 사이로 벌어진 틈이 그곳에서는 눈부시게 아름답다는 표시라는군요. 그 사실을 알았을 때 무엇을 수용하고 거부하는 기준이 단지 문화적 기대치에서 온 유혹에 불과하다는 것을 저는 새삼 깨달았습니다.

그러나 그 기대치는 사방에서 들려오고 사방에 보입니다. 이 시대의 문화는 출중하고 매력적인 외모, 세속적으로 부푼 가치관을 바탕으로 끝없이 경쟁하고 비교하는 문화입니다. 사람들이 거부하는 것은 단지 인위적으로 설정한 "정확하고 옳은" 기준과 자격에 미달된 것들입니다. 경쟁력이 되는 외적인 조건뿐이 아닙니다. 우리들 각자의 리듬에 맞추어 일하시는 하느님의 방식을 존중하기보다 우리는 영적으로 '구별'된 사람이나 기도의 능력을 가진 사람을 시기하기도 합니다. 자기 자신이 된다는 것, 타인의 기대에 맞춘 삶을 살지 않는다는 것이 어디 쉬운 일이겠습니까.

아무리 타인의 기대치에 맞춰 살아도, 내가 다른 사람이 될 수는 없습니다. 이런 풍토에서는 어느 정도 자격을 갖추지 않았으면 문제가 있는 사람으로 치부되며, 부족한 사람이라고 여겨지겠지요. 그렇기 때문에 많은 사람들이 타인의 몸매, 타인의 지성, 타인의 인격과 재능을 탐내 습관적으로 자기와 남을 비교하며 시간을 보냅니다. 이것은 영적 생활에선 위험천만한 일입니다. 〈자존감의 날개 위에서〉라는 책에서 루이스 하트는 "비교는 우리에게 해로운 경쟁심을 심어 놓지요. 사람 사이에다 쐐기를 박아 파당을 짓고 강제로 자기들의 기준에 순응시키려고 하니까요."라고 경고했습니다. 자신을 남과 계속 비교하면 하느님의 사랑받는 자녀인 자기를 스스로 거부하게 되기 쉽지요.

오늘은 하느님께 지금의 나와 내가 가진 모든 것에 감사를 드립시다. 시대의 풍조에서 울리는 왜곡된 소리에 상관하지 말고요.

〈오늘의 묵상〉

호흡기도

숨을 들이쉬며: 나(나의 이름)는 ...

숨을 내쉬며:...감사드려요, 주님

묵상

다른 컵을 찾아 옆에 둡니다.

두 컵을 바라보며 조용히 앉아 있습니다.

컵마다 가진 유일한 특징을 즐깁니다.

나만이 가진 독특함을 생각합니다.

다른 사람과 함께 나를 생각합니다.

비교와 경쟁심을 하느님께 드립니다.

하느님이 들려주시는 말씀을 들어봅니다.

나를 나답게 지으신 하느님께 감사를 드립니다.

성서: 로마서 9:19-26

그러나 사람아 실로 네가 누구기에 하느님과 다투려 하느냐? 만들어진 것이 만드신 분에게 "왜 나를 이렇게 빚으셨나요?" 하고 물을 수 있느냐? 토기장이에게 흙 한 덩어리를 둘로 나눠 귀한 데 쓸 것으로 하나는 평범한 데 쓸 것으로 만들 권한이 없는 것이냐? (롬 9:20-21)

영성 일기

　내가 경쟁심과 남과 비교하는 함정에 빠졌을 때, 나는 …
　나만의 유일무이한 독특함을 생각하면, 나는 …
　존귀하신 창조주 하느님, …

기도

　제가 다른 이들의 재능을 몹시 동경하며
　당신으로부터 받은 제 선물을 부정할 때,
　제가 저의 모습 그대로를 수용하게 하소서.
　제가 끊임없이 남과 비교할 때
　저의 눈에 띄는 장점을 고맙게 여기게 하소서.
　제가 질투, 시기, 잡담, 나와 다른 사람을 부정할 때에
　당신께로 돌아가 당신께서 우리 각자에게
　주신 사랑을 깨닫게 하소서.

오늘의 다짐

　다른 사람을 시기하지 않을 것이고
　또한 경쟁하지도 않을 겁니다.

6일

지혜로운 잔

거룩한 이들에게 그녀(성스러운 지혜)는 수고의 대가를 지불하리라. 낮에는 우리의 안식처인 그녀 자신이 경이로운 길이 되고, 밤에는 별빛이 되어 인도하리라.

— 지혜서 10:17

지난 닷새 간 저는 자신의 못난이 자아를 발견할수록 우리를 이끌어 줄 안내자가 필요하다는 말씀을 드렸습니다. 영적 여행을 하다 보면 자기를 속이게 되기 쉽습니다. 결점이 많은 피조물인 우리가 곁길로 샐 수 있기 때문이지요. 하느님의 뜻과 달리 우리 자신이 만들어놓은 자아개선 프로그램에 푹 빠져서 우리는 때때로 본질을 놓치기도 합니다. 진정한 자기가 아닌 다른 사람이 되려고 몸부림을 치면서 말입니다. 한없는 부드러움으로 우리를 대하는 자비하신 분 없이는 한순간도 제대로 존재할 수 없다는 것과 그분이 우리와 나란히 걷고 계시다는 것을 우리는 자주 잊습니다.

우리에겐 지혜가 필요합니다. 지혜는 언제 우리가 불완전한 자아를 연민으로 감쌀 때인지, 언제 불완전한 자아를 채찍질하여 올바른 방향으로 선회할 때인지를 알게 합니다. 하느님의 안내가 우리에게는 지혜의 원천입니다. 스스로를 포옹해야 할 때와 그렇지 않아야 할 때를 구분하는 지혜를 우리는 거기서 퍼옵니다. 안내란 그 길에 정통하신 단 한 분의 지혜자께서 우리와 같이 기꺼이 그 길을 걸어가신다는 의미입니다. 안내는 우리보다 훨씬 더 지혜로운 이의 소리를 듣는 기회를 제공합니다.

방향을 지시하는 하느님과 친밀하게 연결된 우리 내부의 목소리를 듣는 것이 안내입니다. 하느님의 지시대로 우리 인생의 모든 것이 면밀하게 계획되어 있다는 말이 아닙니다. 이 길은 분명하게 보이거나, 뚜렷하게 윤곽이 드러난 길이 아니지요. 네, 그보다 신성한 지혜는 이가 빠지고 흠이 난 상태로도 우리들이 순간순간 서로 사랑하는 법을 배워가기를 바라십니다.

하느님의 뜻을 따르는 사람들에게 영적 여정의 방향은 언제나 필요했지요. 여러 시편 기자들이 하느님께 길을 보여 달라고 애원했습니다. 안내하는 하느님을 성경에서는 "거룩한 지혜"라고 부르기도 합니다. 광야를 헤매며 어느 쪽으로 가야 할지 모르던 히브리인들을 이끌어주신 분이 바로 이 지혜였습니다. 낮에는 피난처로, 밤에는 별빛으로 그들이 가야 할 길을 안내해 준 이도 바로 이 지혜였습니다.

이미 우리한테 주어진 이 오묘한 안내를 신뢰합시다. 그리고 그분께 얼굴을 돌려 우리가 가는 여행길을 끝까지 보호하고 안내해 달라고 요청합시다. 어떻게 어느 곳으로 우리가 가야 할지 가르쳐 주실 한 분의 지혜자가 우리에게 필요하니까요.

〈오늘의 묵상〉

호흡기도

숨을 들이쉬며: 빛을 주소서…

숨을 내쉬며:…당신의 진리를 알게 하소서

묵상

컵을 두 손으로 받쳐 듭니다.

하느님의 지혜로운 손 안에 있는 우리를 떠올립니다.

온전히 감싸주는 보호와 신성한 지혜의 증표로서 천천히 묵상하면서 컵을 실내의 네 방향을 향해 돌립니다.

컵을 각각의 방향으로 돌린 후 시편 43:3절을 놓고 기도합니다.

"오, 주님! 당신의 빛과 진리를 보내주셔서 저를 이끌게 하소서."

성서: 시편 16

주님께서 날마다 좋은 생각을 주시며

밤마다 나의 마음에 교훈을 주시니

내가 주님을 찬양합니다.

주님은 언제나 나와 함께 계시는 분.(시편 16:7-8)

영성 일기

내가 하느님의 안내가 가장 필요하다고 느끼는 부분은 …

언제 나는 거룩한 지혜가 나와 함께하심을 아는지 ...
존경하는 지혜자시여, ...

기도

오 거룩한 지혜자시여,
제가 깨지고 부서진 상태로 영적 여행을 할 때
저를 보호하고 인도하소서.
나의 사랑, 나의 주님! 당신의 자비를 되새기며
당신 뜻에 맞는 길을 가도록 도우소서.

오늘의 다짐

오늘 하루, 적어도 두 번은 거룩한 지혜를 부르고, 안내를 구할 것입니다.

7일

종합/성찰

1. 지난 6일 동안의 묵상을 다시 되새겨 봅니다.
2. 영성 일기 중 특히 가슴에 남은 중요한 것을 적습니다.
3. 이번 주일 묵상을 간략하게 요약합니다.(그림그리기, 찰흙 빚기, 춤도 요약을 대신할 수 있습니다. 아니면 컵을 그려서 크기와 모양, 형태, 내용, 컵 위에 이번 주의 체험을 상징할 메시지 적어두기 등을 해도 좋습니다.)

메모

일기를 써본 느낌이 어떠셨나요? 위의 세 가지 권유 사항 모두에 답할 필요는 없습니다. 그 중 현재 자신의 상황에 맞는 하나를 골라 성찰해도 좋습니다.

역시 자신에게는 친절해야 하며 일기가 영적이고 시적으로 써진 것 같아도 신경 쓰지 않습니다. 영성 일기와 우수한 글쓰기는 상관이 없으니까요. 일기는 기도해 온 것을 통합하고, 분명한 식별을 위해 기억을 기록으로 남겨두자는 목적으로 쓰는 것입니다. 글이 탁월하지 않다고 폄하하지 말아야 하며, 쓸모없거나 미흡하게 여겨서도 안 됩니다.

넷째 주

깨진 잔

깨진 잔

1일: 기쁨과 슬픔
2일: 고난의 잔
3일: 눈물의 잔
4일: 고칠 수 없는 잔
5일: 저항심 알아차리기
6일: 고친 잔
7일: 종합/성찰

이 주간의 묵상

나는 깨진 그릇처럼 되었습니다.

— 시편 31:12

사순절 피정을 하고 있던 어느 날의 일입니다. 컵의 이미지를 토대 삼아 강연을 하다가 오전 휴식시간이 다 되어 얘기를 막 마치려던 참이었어요. 오십대 초반으로 보이는 아주머니 한 분이 강연대가 놓인 앞자리를 향해 걸어오셨습니다. 그분은 머리를 양쪽으로 흔들며 끝이 다섯 쪽으로 갈라진 지팡이에 몸을 의지하고 비틀비틀 가까스로 제 앞까지 오셨습니다. 가까이 와서 무슨 말인가를 하셨는데 저는 통 알아들을 수가 없었어요. 자세히 들어보니 심한 천식으로 의식을 잃고 난 후 뇌손상이 왔다는 것과 그 후에 말하고 걷는 법을 완전히 다시 배웠다는 말씀이시더군요.

아주머니는 자기가 들고 온 컵에 대해 뭔가 얘기를 하려고 앞자리까지 겨우 걸어오신 거였어요. 그날은 컵을 가지고 거기까지 오려는 일념 외에 아무 생각도 없었다며 자기의 컵을 내미셨습니다. 손잡이는 떨어져나가 없고, 삐죽삐죽한 날카로운 모서리만 남아 있는 컵이었지요. 그 순간 제 숨이 멎는 것 같았습니다. 그분에게 일어났던 사건은 틀림없이 그날의 강연에 좋은 상징이 될 것만 같았습니다.

그분이 내민 깨진 컵은 느닷없이 한 순간 우리를 습격해 우리 삶을 송두리째 흔들어버리는 고통스러운 순간들과 온갖 종류의 시련을 저에게 떠오르게 했습니다. 그런 시련을 겪어내는 동안 우리가 할 수 있는 일은 무엇일까요? 단지 살아남기 위해 몸부림치는 일밖에 없습니다. 그러다 천천히 회복이 되어, 다시 새로운 시작을 하게 되지요. 그렇게 깨지고 부서지는 와중에 누군가와 자기의 아픔을 나누는 일은 우리 힘에 부칩니다. 아픔이 날카로운 모서리처럼 반복해서 우리를 찌르기 때문이지요. 희망이 다 빠져나가 버린 삶만 우리 앞에 덩그렇게 남아 있는 것 같지요. 하지만 우리 스스로 부서진 조각들을 다시 끼워 맞춰 놓아야 하지 않을까요?

경우에 따라선 그리 심하게 부서지지 않은 때가 있습니다. 일상에서 부딪히는 사소한 난관이나 짜증들로 인해 잠시 부서질 수 있습니다. 어쩌면 인생이란 연이어 발생하는 문제의 연속일지 모르겠어요.

밤낮없이 괴롭히는 육체적 고통, 우울한 기분, 나쁜 습관 같은... 몹시 힘들었던 경험이 영적 성장의 근원이 될 수 있습니다. 우리가 깨진 조각들을 어떻게 보느냐에 따라서, 그 아픔을 가지고 무엇을 하고 못 하느냐에 따라서, 인생의 참 많은 것이 달라집니다.

부서짐은 변화를 위한 도구가 될 수 있는데, 고통을 올바르게 수용할 때 부서짐이 삶을 변혁하는 힘으로 작용하지요. 마들렌 엥겔은 이렇게 말했습니다. "어머니가 살아오신 삶을 되돌아 보면 어머니가 겪은 수난들이 그녀를 더 깊고 강하게 만들었다는 생각이 든다. 고통이 어떤 사람들의 삶을 파괴하고 만 경우도 보았다. 고통이 그 자체로 창조적일 수는 없기 때문이다. 잘못 수용된 고통은 알코올 중독자로, 정신이상자로, 자살로 이끈다. 그럼에도 불구하고 고통 없이 우리는 성장할 수 없다"(〈물 위로 걷기〉).

우리가 좌절과 고통을 쓰라리게 겪으며 그것을 우리에게 가르침을 주러 온 손님으로 맞이한다면 어떤 일이 생길까요? 부서진 상황 속에 약간은 꾸물거리며 남아 성장할 기획로 삼게 해달라고 요청해 보는 건 어떨지요? 여전히 결핍되고 불완전한 삶에서 자기 인생의 깨진 잔의 조각들을 통해 우리가 배우게 되는 건 무엇일까요?

이번 주간은 자기를 비우고 산산조각 나게 만든 사건이 어떻게 성장을 도와주는 스승이 됐는지 날마다 깊이 생각하기로 합시다. 그리고 우리의 힘과 피난처이신 하느님을 통해 위로를 받는 한 주일을 보냅시다. 치유에 대한 성찰을 함으로써 밝은 희망을 가져봅시다.

이번 주간에는 하루의 기도를 시작하며, 부서졌을 때 고통스럽고 무기력했던 기억이 떠오르도록 매일 컵의 측면을 보며 지냅시다. 만일 특별한 깨달음이 없다면 컵을 그대로 놔둔 채 지냅니다. 씨앗에서 초록빛 새싹이 고개를 내밀기 전, 씨앗 껍질이 어떻게 찢어지는지 지켜볼 수 있도록 씨앗 한 알 혹은 한 봉지를 컵 옆에 놓아두고서요. 고통을 겪는 동안 영혼을 성장시키는 힘이 그 안에 있다는 진리를 알게 되면 좋겠습니다.

자신이 부서진 경험을 깊이 성찰해 보았다면 앤 라못의 메시지를 읽어 봅시다. "희망은 어둠 속에서 시작되고, 그대가 그 희망을 드러내며 올바른 일을 행한다면 새벽빛은 마침내 동터올 겁니다. 기다리면서 바라보고 일합시다. 결코 포기하지는 맙시다."

깨진 잔은
부어지는 사랑을
담을 수 없네요

정말 아프고
정말 절망스럽고
정말 부끄럽고
정말 가슴이 시리고
정말 지치고
정말 외롭고
정말 환멸스러워서

힘주기를 기다리는 사랑
양분 주기를 기다리는 사랑

받아들여지기를 기다리는 사랑

치유가 일어나길 기다리는 사랑

때가 되면

잔은 고쳐지고

때가 되면

잔은 일어서고

때가 되면

잔은 다시 받아들일 겁니다.

때가 되면

때가 되면

  ― 조이스 럽

1일

기쁨과 슬픔

오늘 한 가장 큰 발견은 슬픔 한가운데 기쁨의 방이
있다는 겁니다. 알고 보니 기쁨과 슬픔은 자매들이더군요.
둘이 한 집에 살고 있었어요.

― 마크리나 위더케어

지난 몇 달 동안, 저는 깊은 우울증에 시달려 온 어떤 여성과 함께 영적 여행을 했습니다. 그 사람은 제대로 생각하지도 못했고 기운은 하나도 없는데다가 자신에 대한 부정적인 감정 때문에 시달리고 있는 터였어요. 그러던 어느 순간, 자신의 괴로움이 어디서 시작됐는지 살펴볼 힘이 생겼습니다. 그러다가 그는 자기 삶을 통제하고 억압하지 말라는 안에서 들려오는 음성을 듣게 됐답니다. 자기를 절제하고 통제하는 강인한 성품은 그 집안 내력이었답니다. 고통의 원인을 찾아 낸 그날부터 깨진 잔의 조각들이 자기를 가르치기 시작했고 자기의 문제점들도 고치게 됐다고 그이는 말했습니다.

그는 삶이 자신의 호불호와 상관없이 호락호락하지도 만만하지도 않음을 배웠다고 했어요. 계절이 순환되듯이 우리 영혼에도 순환하는 사계절이 있음을 알았답니다. 나무에 꽃이 활짝 필 때가 있으면, 꽃이 피지 않을 때도 있으며, 땅이 소출을 낼 때가 있으면 아무것도 거두지 못할 때도 있듯이 우리 영혼의 계절도 그러하지요.

영혼이 여름날처럼 충만하고 기쁨으로 가득할 때가 있으나 우리에게 밝고 환한 기운만이 있어 주기를 아무리 소망해도 영혼의 계절은 오고갑니다.

무력감과 약함은 그에게 가르쳐주었지요. 아무리 노력을 해도 스스로의 힘으로만 삶을 통제할 수 어렵다는 사실을. 그는 듣고 싶지 않았던 내면의 소리를 경청하기보다 오히려 그 불청객에 맞서 싸우는 자신을 발견했다고 합니다. 부서졌을 때의 기억은 삶이란 슬픔과 기쁨이 공존하며 나름의 균형을 이루고 있다는 것을 알게 했답니다. 이제 그는 더 자유로워졌으며 훨씬 평화로워졌다고 하더군요. 힘겨운 일들은 여전히 계속되지만 순환하는 인생의 한 계절인 그 순간도 곧 지나가리라는 걸 알고 있다고 하면서. 슬픔과 기쁨 모두 성장의 한 과정이며 인생에 의미를 가져다주는 거라고 말하더군요.

오늘은 멈추어서 그간에 거쳐 온 내면의 사계절을 들여다볼까요. 힘들었던 시절과 기뻤던 시절 모두 나의 영적 성장에 반드시 필요한 것이었음을 이제는 받아들일 수 있을까요?

〈오늘의 묵상〉

호흡기도

숨을 들이쉬며: 슬픔과 기쁨이...

숨을 내쉬며:...함께 삽니다

묵상

컵을 두 손으로 들고 안을 들여다봅니다.

컵 안에 가득한 내 깊은 기쁨을 생생하게 그려봅니다.

컵 안에 가득한 내 깊은 고통도 생생하게 그려봅니다.

지금, 컵에 기쁨과 슬픔을 섞어서 하나가 되게 합니다.

컵을 가슴에 댑니다.

이러한 몸짓이 슬픔과 기쁨을 받아들이고 이를 통해 배우려는 다짐으로 삼습니다.

성서: 요한 12:20-26; 요한 16:25-33

진실로 내가 너에게 말한다. 낟알 하나가 땅에 떨어져 죽지 않으면 낟알 한 알로 남아 있을 것이고, 떨어져 죽으면 많은 열매를 맺을 것이다.(요한 12:24)

너는 고통을 당할 것이다. 그러나 너의 고통이 기쁨으로 변할 것이다.(요한 16:20)

영성 일기

예수님께 물어본다. "예수님, 당신이 고난을 당하실 때 무엇이 도와주었나요?"

귀를 기울여보고, 이 물음에 대한 그분의 응답을 적는다.

기쁨과 슬픔이 나에게 가르쳐 준 것은 ....

"나의 고통에 귀를 기울이자"고 생각할 때, 나는 ....

기도

기쁨과 슬픔이신 하느님,
제가 삶을 '좋다', '나쁘다'로 판단하지 않도록 도와주시고,
그것들이 영적 성장에 필요한 일부임을 받아들이게 하소서.
당신은 나의 진실한 친구시며
내가 고통을 당할 때 나에게 힘을 주시는 분이라고
신뢰하게 하소서.
내 삶의 사계절을 통해서
성장할 수 있도록 도와주옵소서.

오늘의 다짐

기쁨과 슬픔이 가르쳐 주는 의미가 무엇인지 찾아보고, 귀를 기울이렵니다.

2일

고난의 잔

내가 마시고자 하는 이 잔을 너희도 마실 수 있느냐?
— 마태 20:22

세베대의 아들들의 어머니가 예수님께 다가와 하느님 나라에 자기들을 위한 특별한 자리도 있는지 물었습니다. 예수님은 당신께서 받을 고난과 죽음에 대해서 언급을 하시며 컵을 상징으로 사용하면서 이렇게 대답하셨지요. "너희가 나와 함께 하기로 결심을 했다면 결론은 분명하다. 너희가 나와 함께하는 영광의 잔을 택했다면 너희는 고난의 잔도 나와 함께 마셔야 한다." 예수님이 이렇게 말씀하신 의미는 당신이 살아내셨던 사랑의 삶을 우리가 따르기로 결심을 했다면 그에 따르는 도전과 싸움 역시 받아들이라는 뜻입니다. 제자의 신분이 결코 녹록치 않음을 우리에게 일깨워주신 거지요.

우리 각자의 선택과 각오와 행동은 어떤 결과를 이미 그 안에 내포하고 있습니다. 어떤 사건은 우리의 생각과 말과 행동 때문에 발생합니다. 그것은 기쁨을 가져오기도 하지만, 슬픔을 가져오기도 합니다.

예를 들면, 우리가 누군가를 깊이 사랑할 때, 우리는 그에 따르는 외로움과 가슴앓이도 감수하려 듭니다. 사랑하는 이의 장점과 단점을 동시에 받아들이는 일이 때로 도전적일지라도. 사랑하는 사람이 세상을 떠날 때, 혹은 동의도 없이 이별을 고하고 떠나버렸을 때, 우리는 깊은 슬픔을 참아내야 하지요.

어떤 투자든지 결과가 있습니다. 자녀를 양육해 본 사람은 자식들이 경이로운 선물인 동시에 엄청난 우리의 희생을 요구하는 존재라는 것을 압니다. 의사들이 환자를 치료해 주는 기쁨을 아는 반면 긴 시간을 치열하게 보낸 대가로 가정생활이 종종 희생할 때가 있습니다. 저는 한 사람의 작가로서, 영감이 떠올라 말들이 서로 조합되어 하느님께 '영광'을 돌리게 될 때를 무척 좋아하지만, 글쓰기의 호된 고통, 즉 고독, 편집, 마감일, 나의 취약성까지도 감내해야 합니다. 간혹 우리 모두 예수님이 제자들에게 하셨던 질문 앞에 서야 할 때가 있는데, 그 질문을 피할 수 없는 이유는 그 안에 영적 성장을 일으킬 씨앗이 간직돼 있기 때문이라고 생각합니다

예수님조차 헌신의 결과를 받아들이기 힘들어하셨지요. 겟세마네 동산에서 기도하시며 그 수난의 잔이 비켜가길 얼마나 애원하셨던가요. 그러나 한편으로 자신에게 요구된 것에 '예!' 하고 수용할 내적 힘도 있음을 아셨습니다. 인생의 단계마다 우리는 자신에게 이렇게 물을 수 있습니다. 나의 헌신이 나를 희생시키는 길이더라도 기꺼이 감수할 수 있을까? 나의 헌신이 내 인생을 가시밭길로 이끌어가더라도 그것을 너그럽게 받아들일 준비가 됐는가? 다시 말해서 예수님이 걸어가신 발자취를 기꺼이 따라갈 준비가 됐는가?

〈오늘의 묵상〉

호흡기도

숨을 들이쉬며: 힘을 주소서...

숨을 내쉬며:...나에게 용기를 주소서

묵상

탁자에서 컵을 옆으로 비스듬히 세워서 들어 올립니다.

두 손으로 컵을 들고 또 옆으로 비스듬히 세워서 돌립니다.

지금까지 살아오며 내린 선택과 결단을 생각합니다.

나에게 고통을 안겨준 선택들은 어떤 것들이었나요?

컵을 들고 내 선택들과 결단으로 인한 고통을 담습니다.

자비하신 분께 내 내면의 존재를 열어 보입니다.

내가 선택한 결과를 수용할 힘을 받아들입니다.

성서: 마가 8:34-38

내 제자가 되려는 사람은 누구나 자기를 부정하고 자기 십자가를 지고 나를 따르라.(마가 8:34)

영성 일기

내가 살아오며 선택한 것 중 기뻤던 일 하나는...

내가 살아오며 선택한 것 중 슬펐던 일 하나는...

내가 질 십자가에 관한 성경구절을 읽을 때, 나는...

기도

예수님, 행복과 싸움이
계속해서 내 삶을 직조하고 있습니다.
제가 기쁨과 영광과 좋은 것들은 원하면서도
슬픔과 고통과 시련은 원하지 않는 이유가 무엇일까요?
불안, 투쟁, 가슴앓이, 외로움, 슬픔,
시간 쪼개기, 절망 등이 엄습해 올 때
저에게 힘을 주시고 이끌어 주소서.
당신의 제자가 되려는 목마름을 더 깊게 하소서.

오늘의 다짐

무엇을 마실 때마다, 내가 한 선택과 결심 때문에 생긴 결과를 '예'라며 수용할 겁니다.

3일

눈물의 잔

주님, 내가 마셔야만 하는 눈물의 잔이 얼마나 큽니까?
얼마나 더 눈물을 흘려야 마땅하다는 말입니까?

― 앤 윔스

앤 윔스의 〈통곡의 시편들〉은 아들을 잃고 난 후 겪은 깊고 깊은 고통 끝에서 나왔습니다. 히브리 성서의 시편을 바탕으로 쓴 그의 통곡의 시편들은 쓰라린 고통 속에서 울부짖는 솔직하고 용감하며 날카로운 비명입니다. 고통당하는 사람들은 시대를 막론하고 하느님을 향하여 비통하게 울부짖는다는 사실을 저는 이 기도문을 통해 깨달았습니다. 그들의 울부짖음은 하느님을 향해서 따지고 대들고 비난하는 소리로 가득 차 있습니다.

깨진 컵이 됐다고 느껴질 때조차 저는 하느님께 지나치게 고분고분했고 순응적이었습니다. 그러나 이제는 하느님 앞에서 솔직하지 않으면 나의 분노와 적개심이 배가 된다는 것을 압니다. 모든 것을 안으로 간직하고 삭이는 일은 누구에게도 유익하지 않으며 자기 연민과 분노만 키웁니다. 저는 하느님이 고통을 주시는 분으로 생각하지 않아요. 고통은 피할 수 없는 인간의 조건 때문에 생기며, 삶과 죽음이라는 생명의 무상(無常)함 때문에 생기지요. 그렇더라도 이러한 인간의 조건은 극심한 고통이 뼈에 사무칠 때 실존적인 아픔을 소멸시키지 못하며, 언젠가 하느님이 기적을 베푸실지 모른다는 희망 또한 빼앗지 못합니다.

유대인의 시편은 나에게 고통당할 때 기도하는 법을 가르쳐 주었습니다. 시편을 쓴 사람들은 외치고 비명을 지르며 하느님께 종주먹질을 하고, 서슴없이 욕설도 퍼붓습니다. 그들은 왜 하느님이 상황을 변화시키지 않는지 몹시 궁금해 합니다. 일단 비통한 감정의 파도가 가라앉고 나면, 그만큼의 귀한 다른 기도가 터져 나옵니다. 시편 기자들은 모든 것이 합력해서 선을 이루리라는 하느님에 대한 믿음과 희망, 자신감을 회복하게 됐다며 기도를 마칩니다. 시편 기도문의 문체는 자기에게 솔직하고 하느님께 정직한 것이 얼마나 좋은지, 마침내 평화에 이르도록 치유하시는 하느님께 우리를 내어맡기는 것이 얼마나 좋은지 확인시켜 줍니다.

아무리 고통스러워도 삶의 도처에서 일어나는 모든 일은 하느님의 주의를 끕니다. 시편 56편은 확신을 가지고 이를 강조하고 있지요. "당신은 당신의 병 속에 내 눈물을 담고 계십니다"(시편 56:8). 다시 말해서 하느님은 우리들이 고통 속에서 흘리는 눈물을 모으고 계신다는 뜻이죠. 그리고 그 고통을 함께 겪으시며 말할 수 없는 탄식으로 그 고통을 붙잡고 계십니다. 그러니 우리의 눈물을 하느님께 드림이 마땅하고 선한 일입니다. 우리가 내적 평화를 얻을 때까지 그분께서 고통을 붙잡아 안고 계시기 때문이지요.

〈오늘의 묵상〉

호흡기도
 숨을 들이쉬며: 나를 붙드소서...
 숨을 내쉬며:...당신의 사랑 안에서

묵상
 컵을 두 손으로 똑바로 세워 둡니다.
 컵을 눈물을 담고 있는 컵으로 바라봅니다.
 컵이 나의 고통과 눈물, 내가 아는 사람의
 고통과 눈물을 담고 있다고 생각합니다.
 눈물의 잔을 들고 있는 내 손을 감싸고 계신
 하느님을 상상합니다.
 자비하신 분이 나와 고통당하는 사람들에게 위로를 베푸시도록
 모든 것을 맡깁니다.

성서: 요한계시록 7:13-17; 예레미야 31:1-14
 그리고 하느님은 그들의 눈에서 모든 눈물을 닦아 주시리라.(계 7:17)
 나는 그들의 탄식을 기쁨으로 바꿀 것이며, 그들을 내가 위로하리라.(렘 31:13)

영성 일기

    컵 안에 방울방울 떨어지는 내 눈물의 잔을 그린다.

    눈물방울 위에 내 아픔을 표현하는 단어들을 쓴다.

    깊은 절망 속을 헤맬 때 내가 경험한 하느님은?

기도 (나의 고통이나 타인의 고통을 위한 기도)

    피난처가 되시는 주님,

    오셔서 당신의 위로로

    저를 안아 주시고

    당신의 자비하신 사랑으로

    내 눈물을 닦아주소서.

    보호하시는 당신의 피난처에

    가까이 있게 하소서.

    고통에서 풀려나게 해달라고 외치는

    내 안의 울부짖음을 치유해 주소서.

    저를 당신 품 안에 안아 주시고

    평화를 갈구하는 나의 소원을 들으소서.

오늘의 다짐

    컵이나 유리잔을 사용할 때, 하느님이 어떤 섬세한 손길로 상처 받은 이들의 눈물을 담고 돌보셨는지 알아차립니다.

4일

고칠 수 없는 잔

> 내 부모님은 나와 화해하지 않은 채 돌아가셨다. 외동아들이었던 나는 그분들의 기대에 부응하지 못한 삶을 살았으며 그분들 역시 내 기대에 못 미친 삶을 사시다 돌아가셨다. 나는 그래서는 안 된다는 걸 알았다. 그분들도 틀림없이 나처럼 느끼셨을 것이다. 재결합을 하려는 어떤 의식도 우리는 가지지 않았다. 우리 사이의 거리감은 너무 엄청났기에 나는 그분들 장례식에도 참석할 수 없었다.
>
> — 로버트 펄헴

때로 삶에는 수선할 수 없는 곳들이 있습니다. 험프티 덤프티라는 옛 동요처럼 부서져버린 우리 삶의 조각들을 아무리 다시 끼워 맞추려 애써도, 적어도 이전과 똑같은 모양으로는 되돌릴 수 없는 때가 분명히 있지요. 어떤 조각은 대체할 조각이 없어서 그렇고, 또 어떤 것은 수리가 불가능해져서 그렇겠지요. 직장 폐쇄, 실직, 깨진 관계, 사별, 이루지 못한 꿈, 불구가 된 몸(병 때문에 생긴 고칠 수 없는 신체적 변화), 노화, 사고 등은 회복이 불가능한 상황입니다.

로버트 펄헴의 경우 부모님이 돌아가셨기 때문에 관계를 회복하기엔 사실 늦었습니다만, 만약 로버트가 마음을 돌이켜 부모님과 내면에서 화해를 이룰 수 있다면 아직 늦은 건 아니라고 생각합니다. 우리도 같습니다. 산산조각이 난 상황과 사건, 경험들을 이전과 똑같은 상태로 회복시키긴 어렵더라도, 우리에게 자기 영혼을 수선할 기회는 여전히 남아 있습니다.

우리가 받은 상처들, 가슴앓이, 불유쾌한 기억, 폭력적 행동 등으로 입은 상처 때문에 영원히 파탄 난 상태로 살아갈 수는 없습니다. "평정을 위한 기도"에서는 이렇게 표현하네요. "고칠 수 있는 것과 고칠 수 없는 것의 차이를 분별하는 지혜가 저에게 필요합니다." 삶의 다음 단계로 넘어가기 위해서 걸음을 한 발 내디딜 용기가 필요합니다. 그 걸음이 누구와 무엇을 남겨둔 채 지금 떠나야 하는 일이든, 아니면 부서진 곳으로 되돌아가 조각난 파편들을 다시 끼워 맞추는 일이든 말입니다.

고칠 수 없는 상황 때문에 생긴 상처라면, 파편을 끼워 맞추려는 노력을 중단했을 때 상황이 오히려 개선될 수도 있을 겁니다. 지나가 버린 것을 원래 상태로 회복시키려는 노력을 멈추고, 지금 있는 그대로를 바라보며 눈앞에 놓인 일들에 집중하다 보면 우리 영혼도 어느 순간 치유되지 않을까요.

오늘은 여러분에게도 깨져서 고칠 수 없는 것들이 있는지 살펴봅시다. 만일 있다면, 이제 그것들과 작별인사를 나누는 건 어떨까요.

〈오늘의 묵상〉

호흡기도

　숨을 들이쉬며: 과거를 그대로 두자...

　숨을 내쉬며:...과거를 그대로 두자

묵상

　앞에 모서리가 깨진 쪽을 보이게 놓고 그 컵에 대해 깊이 생각해 봅니다. "다시 일어설" 수 없어 보이는 그 무엇이 있나요? 고칠 수 없어 보이는 것에 대해서 생각해 봅니다.

　그렇게 생각하면 편안한가요?

　치유되기 위해 필요한 것을 하느님께 구합니다.

　컵을 똑바로 세워서 두 손으로 듭니다.

　묵은 상처와 사로잡혀 있는 고통을 떠나보낼 지혜와 용기를 달라고 하느님께 기도합니다.

성서: 이사야 43;14-21

　너희는 지나간 일을 기억하려고 하지 말며,

　옛일을 생각하지 말아라.

　내가 이제 새 일을 하려고 한다.

　이 일이 이미 드러나고 있는데,

　너희가 그것을 알지 못하겠느냐?(이사야 43:18-19)

영성 일기

고칠 수 없는 삶의 파편들과 뒤로 해야 할 것은...

깨진 내 과거 하나와 대화....

자비하신 하느님, 저에게 지혜를 주소서...

기도

하느님,
제가 고칠 수 없는 것을
받아들일 수 있는 평정을 주시고,
제가 고칠 수 있는 것은
변화시킬 수 있는 용기를 주소서.
그리고 고칠 수 있는 것과
없는 것의 차이를 분별하는 지혜를 주소서.
  − 마음의 평정을 위한 기도

오늘의 다짐

고칠 수 없는 내 인생의 파편 하나를 떠나보내렵니다.

5일

저항심 알아차리기

> 이제 나를 묶고 있는 사슬을 부술 준비가 다 됐다. 이제 내가 내 둘레에 친 벽들을 부술 준비가 다 됐다. 이제 어떤 상황이든지 내가 좌지우지하며 통제하려는 행동을 버릴 준비가 다 됐다. 이제 나의 분노들을 흘려보낼 준비가 다 됐다. 나는 드디어 성숙할 채비를 갖췄다.
>
> — 마크리나 위더커어

잭 콘필드의 〈가슴으로 걷는 길〉은 내가 읽은 책들 중 가장 교훈적인 책의 하나입니다. 아빠가 집을 비운 사이 강도가 들어 집에 불을 지르고 어린 아들까지 유괴해 간 이야기인데요, 잿더미가 되어버린 집에 돌아온 아빠는 자기 아들이 죽었다고 믿었습니다.

몇 달 동안 억누를 수 없는 슬픔 속에서 지내던 어느 날, 유괴범에게서 도망쳐 구사일생으로 집으로 돌아온 아들이 문을 두드립니다. "아빠, 아빠" 하고 외치며 계속 문을 두드렸지만, 아빠는 이웃집 아이들의 장난으로만 생각하고 끝내 문을 열어주지 않았습니다. 지친 아들은 집을 뒤로 하고 그만 멀리 떠나간 후 다시는 돌아오지 않았습니다.

이 이야기에서 아이의 아버지는 자신이 품은 생각이 곧 진실이라고 고집스럽게 믿었기 때문에 자기에게 기쁨을 주고 상실감에서 해방시켜줄 진실에는 저항했습니다. 고통을 겪을 때 우리는 쉽게 망상에 빠지기도 하지요. "날 사랑하는 사람은 없어. 날 돌봐주는 이도 없고... 다시는 행복해질 수 없을 거야. 모든 게 내 잘못이지 뭐. 난 할 수 없어. 아는 것도 없고," 등등. 치유가 시작될 수 있지만 우리는 저항심 때문에 받아들이지 못하고 맙니다.

우리의 저항심은 여러 형태를 띠고 나타납니다. 침묵으로 은둔하거나, 냉담, 도망, 끝이 없는 수다, 계속 분주함, 무시하거나 이해하지 못하는 척하는 행동, 비난, 변명하기 등등의 형태로 나타납니다. 저항이란 컵의 입구를 손으로 막는 행위입니다. 아무것도 받아들이지 않으려 하고, 컵에 들어 있는 것을 남에게 따라내 주지도 못하는 행동입니다. 우리의 영적 생활도 그렇습니다.

나사로의 누이 마르타는 나사로가 살아났다는 사실을 도저히 믿을 수 없었습니다. 마르타는 나사로가 죽은 지 너무 오래 됐다고 외곬으로 믿었기에 예수께서 나사로를 죽은 무덤에서 불러냈을 가능성에 저항하고 있는 거지요. 당신의 인생에서 정말 회복될 수 없다고 믿는 게 있나요? 그렇다면 우리의 영적인 성장을 가로막고 있는 것은 무엇일까요?

〈오늘의 묵상〉

호흡기도
　숨을 들이쉬며: 보내자...
　숨을 내쉬며:...보내자.

묵상
　두 손으로 컵을 듭니다.
　컵 위에 한 손을 얹습니다.
　나의 저항심과 거절을 묵상합니다,
　저항과 거부는 어떻게 나의 개방을 방해하나요?
　하느님의 손 안에 든 나를 그려봅니다.
　움켜쥔 염려와 불안을 풉니다.
　하느님이 신뢰에 대해 하시는 말씀을 경청합니다.
　컵에 얹었던 손을 뗍니다.
　이제 받아들일 준비가 됐는지 알아봅니다.
　가슴에 컵을 댑니다.
　하느님께 순종한다는 의미로
　일어나서 깊게 고개 숙여 절을 합니다.

성서: 요한 11:1-44
　예수께서 "돌을 옮겨놓아라"라고 말씀하셨다. 죽은 사람의 누이

인 마르타는 그에게 말했다. "주님, 죽은 지 나흘이나 되어서 벌써 냄새가 납니다."(요한 11:39)

영성 일기

영적 성장을 가로막는 내 잦은 변명은…

내가 매달려 사로잡혀 있는 …을 치웁니다…

생명을 주신 하느님…

기도

진실하신 하느님,

나의 성장에 저항하는 저를 발견하게 하소서.

저의 환상에 빛을 비춰주소서.

두려움을 걷어내 주소서.

저의 성채를 드러내 보이소서.

불안에서 놓여나게 하소서.

폐쇄적인 저를 열어주소서.

더 큰 자유로 이끄시어

제가 치유되게 하소서.

오늘의 다짐

하기 싫은 일을 피하기 위해 둘러대는 내 변명을 스스로 알아차릴 것이고, 싫어하는 일 중 하나를 오늘은 하렵니다.

6일

고친 잔

기다림은 끝이 없어라… 할 수 있는 게 없어서 나는 기다린다. 내가 보물처럼 아끼는 것은 침묵 속의 깊이이고 침묵으로 지켜지는 것이기에 나는 기다린다. 기다림에서 인내가 나온다. 허약함에서 힘과 사랑과 도전할 수 있는 용기가 샘솟아 나듯이.

— 크리스틴 로오 웨버

베네딕트 수도원에서 생활하던 어느 해였던가, 저는 수도원 농장에 살던 라마가 첫 임신을 하게 된 걸 알고는 정말 설레며 지냈습니다. 새끼가 태어났는지 보기 위해 날마다 어미 라마를 들여다보고 살았으니까요. 하루는 수도원으로 걸어가고 있었는데, 어미 라마가 늘 풀을 뜯고 있던 풀밭 나무 둥치에 묶여 있는 게 보였습니다. 그 옆에는 처음 보는 라마도 있었지요. 눈처럼 희고 뽀송뽀송한 털로 덮인 아주 깨끗한 라마였어요. 저는 새끼 낳는 과정을 지켜보지 못해 속이 상했습니다. 도대체 새끼가 언제 태어났는지 궁금하여 수녀님들께 물어보았더니 그분들은 "아기 라마라니요?" 하고 외치면서 모두 밖으로 달려 나가시는 게 아니겠어요? 아니, 갓 태어난 새끼 라마가 풀밭 위에 있었는데, 난 왜 몰랐단 말인가. 제가 새끼가 태어나 적어도 하루 정도는 지났을 거라고 생각했던 이유는 갓 나온 라마들이 얼마나 빨리 다른 무리들과 어울려 뛰어다니는지 몰랐기 때문이었어요.

그날 저녁 늦은 때 문득 이런 생각이 들었습니다. "어쩜, 치유가 일어나는 과정과 똑같네. 무슨 일인가는 꼭 일어날 줄 믿으며 기다리고 기다렸는데 쥐도 새도 모르게 일어나 버리는 게 말이야." 치유는 상당한 인내심과 긴 시간을 필요로 합니다. 안에서부터 서서히 치유되는 몸 속 깊은 곳의 상처처럼 우리의 영적 치유도 그와 같이 일어납니다. 꾸준하게 치유가 일어나고 있는 과정을 비록 순간순간 인식하진 못하더라도 낫고 있다는 것을 우리는 믿어야 합니다.

상처가 아문다는 믿음과 함께 아래처럼 해보셔요.

* 내가 원치 않는 감정에 이름을 붙인다.
* 자신과 이웃에게 너그러운 연민을 품는다.
* 저항심을 없앤다.
* 하느님을 신뢰하고 모든 것을 맡긴다.
* 다른 이들이 내미는 도움을 받아들인다.
* 용서를 하고 용서를 구한다.
* 몸과 영혼을 잘 돌본다.

과거를 교정할 능력은 없어도 상처에서 해방될 수 있습니다. 치유는 한 순간의 사건이 아니라 천천히 일어납니다. 오늘은 신뢰와 자신감으로 내적 치유 과정에 인내심을 가져봅시다.

〈오늘의 묵상〉

호흡기도

　숨을 들이쉬며: 치료하시는 하느님...
　숨을 내쉬며:...당신 안에서 저는 꿈을 꿉니다.

묵상

　컵을 옆으로 뉘어서 두 손으로 듭니다.
　나의 묵은 상처와 아픔을 떠올려봅니다.
　머리에서 하나씩 상처들을 지웁니다.
　거룩한 치유자의 손에 상처를 가져갑니다.
　이제는 두 손으로 컵을 바로 듭니다.
　고쳐놓은 깨진 조각들을 생각합니다.
　고쳐주신 하느님께 감사드립니다.
　참을성과 꿈을 달라고 기도드립니다.

성서: 에스겔 34:11-16

　헤매는 것은 찾아오고,
　길 잃은 것은 도로 데려오며,
　다리가 부러지고 상한 것은 싸매어 주며,
　약한 것은 튼튼하게 만들겠다.(겔 34:16)

영성 일기

치유의 어떤 면이 나에게 가장 쉬운가? 치유의 어떤 면이 가장 어렵고 도전적인가? 나의 삶에서 "놀라운 은총"은 어떻게 일어났나?

개선된 내 삶과 대화를 나눈다.(아직 치유 과정에 있다면 상처 난 부분에 대해서 대화를 나눈다.)

기도

치료해 주시는 주님, 제 인생의 깨진 곳을 고쳐주셔요.
내 영혼이 희망과 치유의 근원을 찾게 하소서.
제가 인생에서 사라져 간 것들을 깊이 생각할 때
내게 남아 있는 것들을 잊지 않게 하소서.
친히 저의 희망과 힘이 되어 주소서.
사랑의 기름을 발라 주셔서 치유에 이르도록
저의 손을 잡아 이끌어주소서.

오늘의 다짐

하느님을 신뢰한다는 징표로 일회용 반창고를 붙일 겁니다. 내 인생에서 깨진 것은 하느님이 고쳐주실 것으로 믿고 감사를 드립니다.

7일

종합/성찰

1. 지난 6일 동안의 묵상을 다시 되새겨 봅니다.
2. 영성 일기 중 특별히 가슴에 남은 것을 적습니다.
3. 이번 주간 묵상을 간략하게 요약합니다.(그림그리기, 찰흙 빚기, 춤도 요약을 대신할 수 있습니다. 아니면 컵을 그려서 크기와 모양, 형태, 내용, 컵 위에 이번 주의 체험을 상징할 메시지 적어두기 등을 해도 좋습니다.)

메모

컵으로 하는 묵상시간이 어떠셨나요? 〈오늘의 묵상〉이 쉽고 재미있는 분들도 계시겠고 힘든 분들도 계실 겁니다. 이미지를 사용하고 마음속으로 그림을 그려 보는 일이 어떤 분에게는 괴로운 일입니다. 그렇다면 무언가를 보려고 너무 신경을 쓰지 마셔요. 상상이 가는 것만 느껴보셔요. 너무 힘들어 하지 마시고, 자연스럽게 떠오르는 생각과 감정을 따라가시면 됩니다. 하느님이 당신을 이끌어 가십니다.

다섯째 주

자비의 잔

자비의 잔

1일: 자비를 배우기
2일: 잔을 권하기
3일: 기꺼이 잔을 내주기
4일: 희생의 잔
5일: 잔에서 따라주기
6일: '있음'이라는 선물
7일: 종합/성찰

이 주간의 묵상

내 가슴은 조롱박, 누군가에게 쏟아줄 사랑으로 채워진

— 제시카 파워즈

어느 목요일, 불치병을 앓는 사람들이 모여 사는 "카바나의 집"을 방문했는데 거기서 저는 아그네스를 처음 만났습니다. 뇌종양을 앓는 남편을 성실하게 돌보고 있던 그이는 그 다음 주 목요일 내가 다시 그곳에 갔을 때도 여전히 남편 곁을 지키고 있었습니다. 그날, 아그네스는 그 전 주에 남편을 잃은 마리안이라는 사람 이야기를 들려줬어요. 마리안의 남편이 세상을 뜨기 전까지 두 사람은 그저 몇 마디 말만 주고받은 사이여서 마리안에 대해 아는 게 별로 없었다고 하더군요. 남편을 막 잃고 난 마리안은 아그네스가 앞으로 겪을 아픔을 알아서인지 어떻게라도 아그네스를 돕고 싶어 했답니다. 매일 밤 전화를 걸어 얼마나 힘든지 물어보곤 했는데, 아그네스에게 그게 큰 힘이 되었답니다. 큰 상실감을 겪은 사람이 고통 중에 있는 다른 사람에게 다가가 손을 내밀며 서로 연민의 정을 주고받는 모습을 저도 가까이서 지켜볼 수 있었습니다. 상황을 변화시켜줌으로써 마리안이 아그네스를 도운 게 아니라 그저 돌봄으로써 큰 도움을 준 거지요.

메리 조 메도우는 연민을 "다른 사람의 고통에 쥐어짜는 가슴앓이를 하는 반응"이라고 정의합니다. 그리고 "연민을 느끼는 존재는 고통을 지켜보는 일조차 견디기 어려워 고통과 거리를 두고 살아갈 수 없는 존재"라고 했습니다. 연민은 사랑으로 돌보고 관심을 기울이기 위해 다른 사람의 피부 속까지 스며드는 능력입니다. 잭 콘 필드는 참된 사랑의 힘을 지닌 사람의 호흡은 세상의 아픔을 들숨으로 마시고 자비를 날숨으로 내쉰다고 했지요. 얼마나 깊은 연민인가요? 또 얼마나 친밀하게 관계를 맺는 건가요?

우리는 저마다 다른 방식으로 이웃에게 영향을 끼치며 살아가고 있습니다. 거대한 그물망 속에서 만물이 서로 연결되어 있다는 진리를 깨닫게 될수록 자비심의 깊이도 깊어집니다. 내 생명이 타인의 생명줄과 연결돼 있기에 우리는 다른 사람에게 기대어 살 수밖에 없습니다.

이러한 영적으로 하나 됨의 진리는 바로 기독교의 심장입니다. 그리스도는 포도나무고 우리는 가지입니다. 우리는 그리스도의 몸입니다(요한 15, 고린도전서 12). 우리를 통해 고동치는 생명은 우리에게 영적 생명력을 불어넣어 주시는 하느님의 생명입니다.

자비심만큼 기독교인의 정체성을 잘 드러내주는 것은 없습니다. 하나의 복음서만 읽어봐도 예수님은 시종일관 자비심으로 살아가셨고, 제자들에게도 누차 강조하셨음을 알게 됩니다. 다른 누군가에게 자비를 베풀면 예수님께 베푼 것이라며 자비로우라고 거듭거듭 말씀하셨습니다.

자비심은 많은 걸 요구합니다. 타인의 고통과 아픔을 함께 느끼는 일이 쉽지는 않지요. 자비심은 고통받는 이와 단지 함께 '있어' 주고, 참고 인내하며 기다려주고 그들의 무력감에 공감하는 정도만 요구할 때가 있어요. 그러나 어떤 때는 우리에게 행동을 하라고 요구하며 시간이나 물질을 제공하라고도 합니다. 정의를 위해 목소리를 높이라고도 하며, 복음서의 사마리아인처럼 더 먼 길을 그들과 동행하라고 합니다. 그리고 또 우리에게 약함과 수동성을 요구하는 사람들의 요구를 때때로 너녁하게 받아주라고도 합니다.

자비를 실천하고 돌보는 사람들은 이기적인 동기에서 시작된 건 아닌지 자비심의 동기를 끊임없이 세심하게 살펴야 합니다. 자기 자신을 돌보고 있는지도 살펴야 하고요. 메리 조 메도우는 "고통을 느낄 수 있을 정도로 고통과 가까워져야 하지만 압도당하거나 거기에 빠져 허우적거릴 정도로 가까이 가선 안 된다."고 경고합니다. 이것이야말로 섬세한 균형 감각입니다.

성서신학자인 마커스 보그에 의하면 히브리 성경과 신약성경에 나타난 하느님의 본질은 함께 아파하는 자비심입니다. 보그는 하느님을 함께 아파하시는 분이라고 강조합니다. 우리의 고통, 상실, 고난을

직접 느끼시는 하느님... 이번 주엔 컵을 들고 기도하면서 하느님께
위로를 받고 영감을 얻어 봅시다.

나의 연민의 잔에는
세상의 눈물이 담겨 있네요
깊은 슬픔, 원통함, 서러움이
거기서 넘쳐흐르네요

나의 연민의 잔에는
사랑도 교육도 집도 없이
굶주린 아이들의 울부짖음이
담겨 있네요

나의 연민의 잔에는
전쟁의 비명이 담겨 있네요.
고문당하고, 살해되고, 투옥되고
강간당하고, 불구가 된
이들의 비명이

나의 연민의 잔에는
근친상간으로 폭행당하고
조직폭력의 싸움과 죄로
구타당한 이들의 피멍이

담겨 있네요

나의 연민의 잔에는
말 못하는 이들의 소리가
담겨 있네요
정신질환자들의
불법이민자들의
태어나지 못한 이들의, 집이 없는 이들의
소리들이

나의 연민의 잔에는
가난한 이들의 빈주머니가,
인종차별로 낙인찍힌 이들의 아픔이,
법을 어긴 이들의 무력함이
담겨 있네요

나의 연민의 잔에는
상실의 깊은 아픔이 담겨 있네요.
죽어가는 이들의 한숨,
이혼한 이들의 가슴 에이는 아픔들이

나의 연민의 잔에는
지구의 통증과 신음소리가
담겨 있네요

멸종당하는 생물들이,

오염된 공기가,

파괴된 숲이,

오물로 덮인 강들이

겪는 지독한 통증이

거룩하신 하느님이 계시고

죽음과 고통보다

더 강한 사랑이 흐르는

이 모든 자비의 잔에

나의 가슴을 담습니다

    — 조이스 럽

1일

자비를 배우기

> 우리가 무엇을 할 수 있을까? 우리가 하나의 상징이 될 수는 있다. 어떤 일이 일어나더라도 기쁨의 상징이 되고, 신성한 사랑의 상징이 될 수는 있다.
>
> －베더 그리프스 신부

자비에 관해 내게 깊은 가르침을 주셨던 분은 대학 시절 은사님입니다. 1학년 때 집 생각에 빠져 방황하던 나에게 개인적인 관심을 기울여주실 때마다 얼마나 놀라곤 했던지요. 대규모 강의였음에도 불구하고 선생님은 수업을 듣는 학생들 한 명 한 명에게 세심한 관심을 보여주셨습니다. 강의실이나 교정에서 학생들을 만나면 근황을 자세히 물어보셨고 학생들이 하는 말도 열심히 들어주셨어요. 수업시간에 배운 내용들은 별로 남아 있지 않은데, 교수님께서 나와 친구들에게 베풀어 주신 일들은 따뜻한 기억으로 남아 있습니다.

연민이 깊은 사람들은 다른 이들에게 자비심의 영감을 주는 것 같습니다. 병들고, 슬프고, 배고픈 사람들을 시종일관 깊은 연민으로 대하셨던 예수님의 생애를 묵상할 때마다 저는 그런 느낌을 받았습니다. 예수님은 "영혼이 깊게 움직여서," 혹은 "자비심이 동해서"라는 표현을 자주 쓰셨지요. 예수님은 가슴이 갈가리 찢어져 비탄에 잠긴 사람들의 상처에 놀라운 민감함으로 다가가 그 상처를 어루만져 주셨습니다. 사랑을 주고, 사랑을 받는 예수님의 큰 힘은 경이롭고 비범하셨습니다.

　도로시 데이, 마하트마 간디, 에티 힐리줌, 톰 둘리, 마더 테레사, 그리고 알버트 슈바이처처럼 동정심이 깊었던 분들의 삶을 돌아볼 때도 저는 그분들에게서 자비심의 영감을 얻곤 합니다. 영국 태생의 영성 작가 카릴 하우스랜더에 관한 글을 읽는 동안 저는 그분을 향해 말할 수 없는 존경심이 우러났습니다. 정신적, 감정적으로 문제가 있는 환자들을 치료할 길이 없어 애를 태웠던 몇 명의 심리치료사들이 환자들을 카릴에게 데려가기만 하면 그들은 카릴의 자비로운 모습 앞에서 치유가 되었다고 합니다. 환자들을 있는 그대로 사랑한 카릴의 힘으로 그들이 치유된 거죠.

　자비롭게 살아간 사람들에게는 몇 가지 공통적인 특징이 있어 보입니다. 그분들은 예사롭지 않은 고통과 남다른 아픔을 스스로 겪었으면서도 남에게는 무척 관대했고, 비난이나 판단을 삼갈 줄 아는 자비로운 영혼의 소유자들이었습니다. 자신을 기꺼이 희생했으며 타인의 고통에 남다른 민감성으로 감정이입을 할 줄 알았지요. 결국 하나로 연결된 모든 피조물들을 감싸 안는 깊은 사랑이 그들 가슴 속에 살아 있었던 게 아닐까요? 오늘은 연민이 깊은 우리의 스승님을 생각해볼까요?

〈오늘의 묵상〉

호흡기도

숨을 들이쉬며: 거룩하신 자비시여...

숨을 내쉬며:...저를 가르치소서

묵상

내가 아는 자비로운 사람들을 떠올려봅니다.(개인적으로, 역사적으로, 성경 안에서, 문학작품 안에서, 등등)

그들의 삶을 되새겨 봅니다.

그들이 어떻게 살았는지 알아봅니다.

그들은 어떻게 자비로운 반응을 보이셨나요?

그들의 이름을 종이에 적어 봅니다.

종이를 컵 아래 놓고 왜 그분들이

자비의 상징으로 여겨지는지 살펴봅니다.

그것을 자비로운 인물들을 존경하는 도구로 삼습니다.

성서: 마태 10:40-42

이 작은 사람에게 내 제자라고 해서 물 한 잔을 주는 사람은 절대로 자기가 받을 상을 잃지 않을 것이다.(마태 10:4)

영성 일기

　자비에 대한 나의 경험은.....

　자비로운 사람들에게서 내가 배운 핵심적인 교훈은....

　함께 아파하시는 자비로우신 하느님....

기도

　상처받은 사람들의 하느님,

　제 삶에 사랑하는 이들을 보내주셔서

　제가 힘들 때

　저에게 위로와 힘을 주게 하시니 감사합니다.

　자비의 스승님들을 알게 하시고

　가르침을 받게 하시니 감사합니다.

　저는 더 자비로운 사람이 되고 싶으니

　제가 그런 사람이 되어

　당신을 진정으로 드러내게 하소서.

　저의 자비의 재능을 복원시켜주소서.

오늘의 다짐

　함께 아파하는 자비로운 사람으로 살아가겠습니다.

2일

잔을 권하기

거기엔 변함없이 부드러운 기운이 흐르고 있다.
잡다하고 시시한 욕망의 불을 끄고 난 후에야 흐르는…
지금 우리에게 가장 중요한 일은 우리 안에 있는 모든 좋은 것으로 서로에게 친절하게 대하는 일이다.

― 에티 힐리줌

요즘은 그 이미지를 많이 사용하고 있는 것 같지 않으나 자비로운 삶을 이어가기 위해서라면 그리스도의 몸에 관한 이미지는 우리에게 여전히 핵심적이고 유용한 이미지입니다. 이런 기독교 영성은 예수님의 영이라는 전체에 우리가 일부가 되어 속해 있다고 상상하게 만듭니다. 단일성, 일치 등과 같은 이미지들은 성경의 여러 곳에서 발견됩니다. 특히 여러 지체를 지닌 한 몸이라는 표현이 그러하지요. "한 사람이 고통을 겪으면 모두 함께 아픕니다. 한 사람이 영광을 받으면 모두 함께 기쁩니다"(고린도전서 12:26). 전체에 속한 각각의 지체와 부분들은 하나하나 귀하고 소중합니다.

모든 사람, 모든 피조물과 하나로 연결돼 있다는 사실을 새삼 자각할 때마다 제 안에서 엄청난 힘이 솟아나는 건 왜일까요. 내 안에 계시는 신성한 형상이 저를 흔들어 깨우기 때문이며, 또한 만물 안에서 빙글빙글 돌고 있는 원자들 때문일까요? 모든 생명이 나의 일부이며 나 또한 모든 생명의 일부입니다. 누구든지 자매요, 형제입니다. 저는 나를 돌아보시는 신성한 형상이 나의 형제, 자매 안에도 살아계시는 것을 알아차립니다. 연민 깊은 하느님이 나에게 사랑스러운 얼굴을 보여줍니다. 이제 답례로 내가 그 모습을 띨 것입니다. 나에게 반영된 하느님의 형상을 다른 이에게 보여 줄 차례입니다. 연민의 잔을 누군가에게 내밀 때, 그것은 내 안에 계신 하느님이 다른 사람 안에 계신 하느님께 손을 내미는 것이지요. 거기, 살아 있는 모든 생명체와 우리를 묶는 하나의 사랑이 있습니다.

이웃에게 빛과 사랑의 원천이 되라는 가르침은 비단 기독교에만 있는 가르침이 아닙니다. 자비는 이웃 종교 전통에서도 핵심적인 가르침입니다. 부처님도 돌아가시기 전에 마지막으로 "네 스스로 빛이 되라."고 제자들에게 말씀하셨습니다. 빛을 바구니 아래 숨겨 두지 말고 모두 볼 수 있도록 높은 곳에 올려놓으라고 제자들에게 이르신 예수님 말씀과 얼마나 비슷한가요. 예수님처럼 부처님도 위대한 사랑의 인간이 되라고 독려하신 겁니다.

우리가 한 줄기 빛이 되거나 하느님의 큰 사랑의 상징이 되는 하나의 방법은 이웃을 위해서, 이웃과 함께 기도를 드리는 일입니다. 매일 아침, 하느님 앞에서 저는 소중한 사람들의 이름을 하나씩 부릅니다. 세미나에서 만날 그룹들, 다음 주 피정에서 만날 그룹들의 이름도 불러봅니다. 그리고 여러분에게 "오늘의 기도문"으로 제안했던 존 카디널 뉴만의 기도문으로 기도를 드립니다. 이렇게 매일 다른 사람과 하나인 저를 되새겨 보는 거지요. 그리고 내 안에 계시고 나의 모든 일 속에도 계신 하느님의 사랑을 전달하는 메신저로서 제 소명을 돌아봅니다.

〈오늘의 묵상〉

호흡기도
  숨을 들이쉬며: 우리는 여럿이나...
  숨을 내쉬며:...우리는 하나입니다

묵상
  두 손으로 컵을 들고 앞으로 쭉 뻗어봅니다.
  일어나서 얼굴을 동쪽으로 향합니다.
  동쪽의 모든 것들과 하나가 됩니다.
  그들에게 나의 자비를 펼쳐 보이도록 합니다.
  얼굴을 돌려 남쪽으로 향합니다.
  남쪽에 사는 모든 것에게 컵을 내밉니다.
  그들에게 나의 자비를 펼쳐 보입니다.
  (서쪽과 북쪽의 모든 것에게도 이렇게 합니다.)

성서: 고린도전서 12:12-31
  여러분은 그리스도의 몸이요, 따로따로는 지체들입니다.

영성 일기

나는 하느님 사랑의 샘..
왜 내가 자비의 잔을 망설이며 내밀고, 어떤 땐 거부하는가? ...
내가 편견을 갖는 사람, 혹은 모임이 있으면 ...
대화를 나눈다.

기도

사랑의 주님,
제가 가는 곳마다
당신의 사랑을 퍼뜨리게 하소서.
내 전 존재를 통과하시고 소유하신 당신을
모든 생명에게 드러내게 하소서.
나를 통해 빛나시며 내 안에 계시오니
내 영혼 속에서 빛나는 당신의 형상을
사람들이 뵙게 하소서.

오늘의 다짐

나의 이해와 배려와 보살핌을 필요로 하는 모든 이들에게 오늘은 일부러 자비를 베풀도록 하겠습니다.

3일

기꺼이 잔을 내주기

너무 많은 이들이 가슴에서 우러나지 않은 일을 하거나 억지로 하면서 시간을 낭비한다. "왜 이런 일을 하고 있나요?" 하고 누군가 물어보면 무슨 말로 대답을 해야 할지 모르면서.

― 파커 파머

죠셉 캠벨이 영적 변화의 여정에 관해 설명할 때, 그는 캄캄한 동굴을 통과해서 생명이 새 봄날로 나오는 것이라고 묘사했지요. 그가 포함시킨 중요한 차원은 사람들이 고통에서 해방되어 새로운 생명을 얻을 때엔 항상 연금술에 쓸 정수 혹은 선물을 가져온다는 겁니다. 이 선물은 자신을 위해 이기적으로 쓰려고 했던 게 아니고 세상을 변혁하는 데 쓰려던 것이었지요. 우리들도 마찬가지입니다. 하느님은 수많은 삶의 기복을 거치는 우리를 사랑하시며 항상 자비를 베푸십니다. 이제는 우리가 이웃에게 자비를 베풀 차례입니다. 생명은 부단하게 주고받습니다. 우리가 받은 신성한 사랑의 선물은 서로 나누어야 합니다.

자비심의 동기가 얼마나 중요한 것인지 저는 이제사 이해하게 됐습니다. 제가 그 동기들을 알아차리게 될수록 어떤 끈을 달지 않고 가슴에서 우러난 연민의 선물을 나눌 수 있었습니다. 성숙해질수록 진정한 관대함이 생겼지요. "내가 거저 받았으니, 나도 거저 주리라"는 옛 노랫말처럼 이기심이 끼지 않은 동기로 연민의 정을 느낄 수 있었습니다.

만약 자비심이 의무감, 죄책감, 문제를 해결하려는 의도, 구도자연 하는 태도 등에서 시작되었다면 그것은 고통받는 사람들에게 초점을 맞춘 연민이 아닙니다. 자비심 안에 내가 너무 많은, 자기중심적인 연민이지요. 나의 감정과 태도, 충동, 욕망의 진원지를 민감하게 알아차리게 될수록 더욱 맑고 참된 자비심이 일어납니다. 심리적으로 영적으로 건강할수록 다른 사람들과 더 자유롭게 나의 은총을 나눌 수 있었습니다.

저는 또한 내 자신을 향한 자비심이 얼마나 중요한지 알게 됐어요. 나를 사랑할수록 남을 사랑합니다. 돌보는 사람들이 남에게는 자비의 은사를 행하면서도 정작 자신에게는 매우 인색할 때가 있습니다.

선물은 주라고 있습니다. 선물은 받으라고 있습니다. 선물, 진정한 선물은 거저 주고 거저 받는 것이지요. 오늘은 이렇게 물어봅시다. 어떻게 자비를 행할 것인가, 왜 행하는가?

〈오늘의 묵상〉

호흡기도

  숨을 들이쉬며: 나는 받습니다...

  숨을 내쉬며:...나는 줍니다

묵상

  두 손으로 컵을 듭니다.

  하느님이 무한한 자비를 베푸셔서

  컵이 흘러넘치는 광경을 상상해 봅니다.

  흘러넘치는 선물에 감사합니다.

  컵을 높이 들어 올립니다.

  하느님께서 베풀어주신 자비를 다른 사람과

  나눌 수 있도록 기도드립니다.

  자비하신 하느님의 임재 속에서 편안하게 쉽니다.

성서: 마태 25:31-45

  너희는 내가 배고플 때 먹을 것을 주었고

  목마를 때에 마실 것을 주었으며, 나그네로 있을 때에

  영접하였고, 헐벗을 때에 입을 것을 주었고, 병들어 있을

  때에 돌보아 주었고, 감옥에 갇혀 있을 때에 찾아 주었다.

  (마태 25:35-36)

영성 일기

내가 자비를 행하는 이유는...

내게 주어진 은총을 묵상하면 나는....

감사합니다, 주님. 왜냐하면..

기도

자비하신 하느님,

저를 상처받은 사람에게 데려가십시오.

모든 얼굴에서 당신을 보게 하시고

모든 음성에서 당신을 듣게 하소서

모든 관계에서 당신을 맞아들이게 하시고

진정한 자비를 거저 베풀게 하소서.

오늘의 다짐

내 자신과 다른 사람들이 필요로 하는 자비를 선택하렵니다.

4일

희생의 잔

자비는... 세상에서 일어나는 고통의 원인을 알 때 생기는 힘입니다. 그 고통이 나의 것이든 타인의 것이든, 자비는 우리에게 두려움 없이 그 고통들을 증언하게 합니다. 또한 자비는 우리가 망설임 없이 불의를 고발하게 만들며, 우리 의지대로 그것에 강하게 저항토록 합니다.

― 샤론 짤즈버그

자비는 대가를 지불해야 합니다. 대가 없이 얻어지는 자비는 없습니다. 적어도 고통당하는 사람 곁에서 심장이 꿰찔러지는 아픔이라도 함께 겪어 봐야 자비가 우리 것이 됩니다. 우리가 불의를 고발하거나 불의에 저항할 때, 때때로 우리의 동정심은 조롱거리가 되기도 하고 손가락질 당하기도 하지요. 친구를 잃고 직장을 잃는 것으로 우리의 자비심은 대가를 치르기도 합니다. 육체적, 정신적으로 큰 고통을 겪는 이들과 함께하려면 우리는 귀중한 시간과 힘을 대가로 지불해야 합니다. 노숙자, 죽어가는 이, 에이즈에 걸린 이, 옥에 갇힌 이 등이 겪는 고난을 함께 나누려면 우리는 두려움과 불안, 왜소함, 오만과 편견 등과 정면으로 마주치는 대가를 지불해야 합니다.

자비는 우리더러 안락한 안전지대에서 그만 나오라고 채근합니다. 자비는 냉담과 차별의식을 버리라고 합니다. 바쁘다는 변명, 모른다는 핑계, 도울 능력이 없다는 변명 따위는 거절합니다. 샤론 짤즈버그가 "모든 살아 있는 생명체에게 예외 없이 연민을 품고"라고 말한 것처럼 자비는 고통당하는 사람들과 함께 '살아'가라고 우리를 부릅니다. 아, 자비에 '예외 없이'란 단서만 붙지 않았다면! 하고 저는 수없이 바랬습니다.

치른 비용을 계산하지 않고, 후회와 걱정도 그치고, 그냥 자비롭게 살기까지 꽤 오랜 시간이 걸릴 수 있습니다. 이 말은 자기 감정을 부정하라는 뜻이나 자신을 돌보지 말라는 뜻이 아닙니다. 오히려 그 반대지요. 자신을 잘 돌보는 사람이 남에게 맑고 너그러운 자비심을 품습니다. 결국, 우리는 내 몸을 사랑하듯 이웃을 사랑하게 되지요. (누가 10:27)

자비가 요구하는 가장 위대한 희생을 생각할 때 제게 떠오르는 분은 십자가 아래 서 계셨던 예수님의 어머니 마리아입니다. 이 세상에서 가장 깊은 슬픔을 경험한 어머니로서 마리아는 그 아래 용감하게 서 계셨습니다. 자비는 그분에게 아들의 목숨을 지불하라고 했습니다. 자비는 부모여야만 완전하게 이해할 수 있는 찢어지는 고통을 성모님께 지불하라고 했습니다. 예수님과 성모님 두 분 모두 그것을 이해하셨고 자비의 대가를 지불하셨습니다.

〈오늘의 묵상〉

호흡기도
  숨을 들이쉬며: 나는 서 있습니다...
  숨을 내쉬며:.. 십자가 아래에

묵상
  두 손으로 컵을 받쳐 들고 일어섭니다.
  하느님이 자비로운 사랑으로 내 영혼을
  채워주는 모습을 마음속으로 그려봅니다.
  상처받은 사람들을 그려봅니다.
  그들의 고통을 상상해봅니다.
  사랑과 돌보는 마음으로 가까이 다가갑니다.
  그들의 십자가 아래에 섭니다.
  그들에게 희망과 용기를 보냅니다.

  성서: 요한 19:25-27
  예수의 십자가 곁에는 예수의 어머니와 이모와 글로바의 아내 마리아와 막달라 사람 마리아가 서 있었다. 예수께서는 자기 어머니와 그 곁에 서 있는 사랑하는 제자를 보셨다.
  (요한 19:25-26)

영성 일기

　예수의 어머니 마리아가 십자가 아래 서 있는 모습을 생각할 때, 나는 …

　자비가 나에게 대가를 지불하게 하는 방식들은 …

　자비하신 마리아여, …

기도

　슬픔의 여인 마리아여,
　당신 아들의 삶은 자비로 가득했습니다.
　당신의 삶도 저로 하여금 다른 이들과 함께 고난을
　겪으라고 가르쳐 주십니다.
　대가를 치를 수밖에 없을 때라도 그리 하라시네요.
　저로 하여금 세상 속 고난의 십자가 밑에
　나아갈 수 있는 용기를 주시고,
　예수님의 십자가 밑에서 당신이 보여 주신 것처럼
　저도 사랑의 마음으로 고난에 동참할 수 있게 하소서.
　당신의 사랑을 통해
　저도 사랑하는 사람이 되는 법을 배우게 하소서.

오늘의 다짐

　나에게 자비를 베풀기 위해 대가를 지불한 사람들에게 감사하렵니다. 저의 자비를 필요로 하는 이들의 십자가 아래로 나아가렵니다.

5일

잔에서 따라주기

거룩한 분께 뭔가 드려본 사람은 자기가 드린 것들이
금으로 변해 되돌아온다는 것을 알게 된다.

— 루미

우리의 가장 깊은 동정심과 관대함은 일정표와 달력과 시간 맞추는 데 지쳐서 묻혀버릴 때가 많지요. 저도 그렇게 마음을 닫고 이기적이 되는 때가 있습니다. 치밀하고 빡빡하게 계획된 시간표에 맞춰 모든 일을 끝내려는 완고한 저의 강박증을 흔들어 버리는 경우가 있는데 그때 저는 도전을 받고 겸손해지게 됩니다.

애기를 꺼내기가 좀 부끄럽습니다만 이 일을 통해 제가 무척 소중한 교훈을 얻었기에 창피함을 무릅쓰고 말씀을 드립니다. 3주 정도 집을 비웠다 돌아온 날이었어요. 집에 도착했더니 엄청난 우편물이 쌓여 있었습니다. 이토록 많은 걸 언제 열어서 읽을까, 또 언제 하나 하나에 답장을 하나, 하는 생각이 들자 시간이 아까워졌습니다. 저도 모르게 그만 한숨 섞인 탄식이 흘러나왔습니다. 그런데, 그 엄청난 편지더미 중, 카세트 테이프가 들어 있는 봉투 하나가 눈에 띄었습니다.

편지도 없이. 보낸 이의 주소를 보았더니 제가 아는 사람이 아니었습니다. 짜증이 나며 참을성이 없어지고 말았지요. "아니, 어쩌자고 이 사람은 테이프를 보냈을까? 이걸 들으려면 시간이 얼마나 걸릴 텐데… 차라리 편지로 하시지."

그날 종일 툴툴거리다 테이프 안에 대체 뭐가 들어 있는지 빨리 알아나 보자는 생각이 들었습니다. 알고 보니 어느 맹인 여성이 보낸 테이프였어요. 봉투 안에는 내 평생 받아본 편지 중 가장 아름다운 편지 한 통이 들어 있었습니다. 자세히 알아보지도 않은 채 짜증부터 냈던 제가 부끄러워 몸 둘 바를 몰랐습니다. 시간이 아깝다는 핑계로 나에게 온 선물을 거절부터 했으니까요. 귀하디귀한 통찰력과 묵상이 담긴 선물을 하느님께서 바구니 하나 가득 담아 주셨는데도 이웃을 위한다며 손톱만큼의 시간과 관심이 담긴 잔을 저는 따라주려 했더군요.

예수님은 제자들에게 되로 주면 되로 받을 테이니 넉넉하게 말로 주라고 하셨습니다. 넉넉한 자비는 금으로 변해 돌아올 거라고 하셨지요. 자비도 그와 같습니다. 인색하게 움켜쥔 손을 펴서 관대한 자비의 잔을 아낌없이 내준다면 강력한 경험이 됩니다. 우리가 주었던 것보다 훨씬 더 많이 받게 되지요.

옹졸한 나의 관용과 하느님의 무한한 자비에 대해 묵상해봅시다. 망설이며 베풀었거나 마음을 닫은 다음, 내가 되받은 은혜가 얼마나 컸는지 알게 된 적이 있었는지요?

〈오늘의 묵상〉

호흡기도

숨을 들이쉬며: 나는 그대에게 드리고...

숨을 내쉬며:...그대는 나에게 주고

묵상

두 손으로 컵을 듭니다.

컵을 채우려면 어느 정도 남았는지 살펴봅니다.

내게 쏟아지는 하느님의 사랑을 그려봅니다.

사랑으로 채워지는 나를 그려봅니다.

고통 중에 있는 사람을 마음에 간직합니다.

이 사람에게 내 사랑이 가게 합니다.

이 사람에게 사랑이 아낌없이 쏟아져

그의 전 존재를 채우는 모습을 상상합니다.

평화롭게 침묵하며 앉아 있습니다.

성서: 누가 6:37-38

주어라, 그리하면 받게 될 것이다. 되를 누르고 흔들어서 넘치도록 후하게 되어서 너희 품에 안겨 주실 것이다.

(누가 6:38)

영성 일기

　누군가 나에게 자비로울 때, 나는...
　내가 준 것을 하느님은 언제 금으로 바꿔놓으셨나?
　내가 언제 손에 움켜쥐고 자비를 행하지 않았던가?
　그 이유는...

기도

　오, 주님!
　당신께선 저의 빈약한 자비심을
　금과 같은 보물로 바꾸셨습니다.
　자비의 행동에 사랑을 품으라고 하실 때
　제가 주저치 않게 도와주소서.
　당신의 사랑은 제게 너무도 풍성하였습니다.
　내가 되질해서 베푸는 만큼의 자비가
　제게 되돌아오게 하소서.

오늘의 다짐

　오늘 나의 잔에서 관대한 사랑과 친절을 쏟아내겠습니다.

6일

'있음'이라는 선물

> 존재함이 축복이다. 살아 있음이 거룩함이다.
>
> — 아브라함 요수아 헤셀

제가 신앙상담자로서 호스피스 병동으로 첫 자원봉사를 나갈 때의 이야기입니다. 지침서에서 배운 대로 환자들의 긴장감을 어떻게 덜어줄 것이고, 임종과정을 어떻게 지켜드리면 되겠다는 생각을 갖고 상상 속에서 일을 준비하고 계획을 세웠습니다. 그런데 그 계획은 얼마 가지 않았어요. 그곳 호스피스 병동엔 죽음에 임박해 있거나 너무 고통스러워 도무지 집중을 할 수 없는 분들, 의식불명 상태에 놓인 분들이 대부분이었거든요. 가끔 그분들이 두려움과 불안감을 털어놓을 때도 있었지만, 보통은 앞날이 밝아 보이는 제가 자신들 곁을 지켜주고 있다는 사실만으로 좋아하셨습니다.

그런데 그 일은 생각보다 어려웠습니다. 내가 뭔가 '쓸모 있는' 사람이라는 만족감을 얻고 싶었기 때문입니다. 돌아올 때면 거기서 시간을 헛되이 보내다 오는 건 아닌지 하여, "내가 거기서 도대체 뭐를 하고 왔지?" 하고 물어보곤 했으니까요. 한 분, 한 분 곁에 조용히 머물다 돌아오는 일이 그 자체로 편안해지기까지는 얼마의 시간이 흘러간 후였습니다. 그분들보다 제가 훨씬 많이 얻어 옴을 차츰 깨닫게 됐습니다. 죽어가는 사람들 옆에 가만히 앉아 있다 오는 일을 요즘은 정말 좋아합니다. 그곳에 머무는 동안 저는 인간의 유한성과 마주하게 되며 죽음을 더 이상 두려워하지 않게 됩니다. 미지의 세계를 향해 마지막 신비한 여행을 준비하는 사람들과 함께하는 순간들… 제게는 말할 수 없이 특별한 은총의 시간입니다.

우리는 **행동**을 통해서만 남다른 삶을 살 수 있다는 사고방식에 길들여져 있습니다. 선량한 의도를 보여주기 위해서라면 무언가 행동을 해야 한다고 생각합니다. 기독교적 사랑의 핵심이 단지 행동만이라면, 함께 '**있음**'이 빠진 행동만이라면 그토록 큰 영향을 오래도록 끼치지는 못했을 겁니다. 보살핌이 필요한 사람들에게 함께 '있음'은 진정한 선물이 되기도 하지요. 읽을 책을 가져다주고, 음식을 만들어주고, 선물을 가져다주는 일들이 주는 사람들 기분이야 좋게 할 수는 있겠으나, 오히려 사람들은 말없이 곁에 앉아서 자기 얘기를 들어주는 사람을 절실하게 기다릴지 모르지요.

겟세마네 동산에서 극심한 고통을 겪으시던 예수님이 기도하는 동안만이라도 제자들이 곁에 있어주길 얼마나 간절히 바라셨던가요. 예수님은 제자들의 모습만으로 위로가 될 것 같아 그들을 애타게 기다리셨으나, 이를 채워주지 못하는 그들의 무감각 때문에 아파하셨습니다. 예수님은 반대자들의 귀를 잘라버리는 베드로를 원하지 않으셨지요. 반대자들에게 둘러싸여 있을 때 베드로와 다른 제자들이 예수님 곁을 지켜주기만 바라셨습니다.(누가 22:39)

우리가 가끔 스스로에게 물어봐야 할 질문이 있습니다. 사랑은 반드시 무언가를 해줌으로써만 실천되는 건 아니라고 생각할 만큼 자신을 신뢰하고 있는가를.

〈오늘의 묵상〉

호흡기도
　숨을 들이쉬며: 있음…
　숨을 내쉬며:…있음

묵상
　앞에 있는 컵이 얼마나 단순하게 거기 있는지 알아차리고
　그 컵을 응시하는 동안 컵이 어떻게
　함께 '있는'지도 간지합니다.
　의도적으로 내 안에 있는 신성한 자비를 기억합니다.
　고통당하는 이웃을 향해 마음을 모읍니다.
　그 이웃의 고통을 느끼며 앉아 있습니다.
　함께 있음 외에 무엇을 '하려' 하지 않습니다.

성서: 마태 26:36-46
　그때 예수께서 말씀하셨습니다. "내가 슬퍼서 죽을 지경이다. 너희는 여기에 머무르며 나와 함께 깨어 있어라…" 그가 와서 보니 제자들은 잠들어 있었다. 베드로에게 "이렇게 너희는 한 시간도

나와 함께 깨어 있을 수 없느냐?"

영성 일기

    마음 아픈 이와 함께 있을 때 가장 힘든 일은…
    나와 함께 있어줄 사람이 필요했던 때는…
    자비로운 하느님…

기도

    자비하신 주님,
    제가 다른 사람과 함께 있기를 머뭇거릴 때, 힘을 주소서.
    나의 존재에 대한 의문을 가질 때 확신을 주소서.
    행동으로 내 가치를 증명하고 싶어질 때 겸손하게 하소서.
    고통당하는 사람들의 요구를 놓쳤을 때 깨어 있게 하소서.
    당신의 사랑과 아름다움을 잊었을 때 기억하게 하소서.
    '거기 있으라'는 소명에서 제가 도망가려 할 때
    저를 거기에 붙잡아 두소서.
    "있음이 축복이다."라는 진실을 잊지 않게 하소서.

오늘의 다짐

    행동으로 옮기지 않고 이웃 곁에 머물 겁니다.

7일

종합/성찰

1. 지난 6일 동안의 묵상을 다시 되새겨 봅니다.
2. 영성 일기 중 특별히 가슴에 남은 것을 적어둡니다.
3. 이번 주일 묵상을 간략하게 요약합니다.(그림그리기, 찰흙 빚기, 춤도 요약을 대신할 수 있습니다. 아니면 컵을 그려서 크기와 모양, 형태, 내용, 컵 위에 이번 주의 체험을 상징할 메시지 적어두기 등을 해도 좋습니다.)

메모

"단 한 주만 더 남았다" 하는 염려가 점점 커집니까? 5주 동안 기도를 충분히 잘 해왔는지 궁금하십니까? 〈오늘의 묵상〉의 소중함과 가치에 의문이 생깁니까? 그렇다면 기도는 진척을 이루려거나 열매를 얻기 위해서 하는 것도, 기분이 좋아지려고 드리는 것도 아님을 기억하셔요. 기도는 하느님과 관계를 맺는 일이기에, 우리가 살아가는 방식에 변화를 가져옵니다. 기도는 하느님과 친교를 맺으려는 우리의 가슴 속 의지입니다. 날마다 우리의 의지를 새롭게 하여 불필요한 염려는 날려 보냅시다.

여섯 째 주

복을 비는 잔

복을 비는 잔

1일: 복을 비는 잔
2일: 기억의 잔
3일: 넘쳐흐르는 잔
4일: 변장한 복
5일: 감사의 잔
6일: 가장 큰 복
7일: 종합/성찰

이 주간의 묵상

그대 발이 어디에 닿더라도 그곳에 복이 있으리라.

— 루미

성서에 등장하는 가장 잘 알려진 '잔'은 아마도 고린도전서 10장 16절에 나오는 잔인 듯합니다. "우리가 복을 비는 축복의 잔은, 그리스도의 피에 참여함이 아닙니까?" 축복의 잔이라는 어원은 유월절 의식에서 유래됐는데, 그 뜻은 잔이 복을 받았을 뿐 아니라 잔이 그 자체로 복을 담고 있다는 뜻입니다. 그 잔에는 생명의 선물도 들어 있지요.

복. 복이 무엇일까요? 복은 어디에서 옵니까? 복은 우리에게 무엇을 해주나요? 사전에 의하면 복이란 "종교적 의식이나 언어로 축성하고 신성하게 하는 것, 성스럽고 거룩하게 만들거나 그렇다고 말하는 것"입니다. 그러나 복을 빈다는 것은 무엇을 신성하게 만든다는 뜻이기보다는 이미 그곳에 있는 성스러움을 인정한다는 뜻입니다. 모든 피조물이 신성한 이유는 하느님이 지으셨기 때문이지요. 사람이든 사물이든지 창조된 것에 복을 빌어준다는 것은 그 사람이나 사물 위에 있는 창조주의 손길을 인정한다는 의미입니다.

우리 발이 어디에 닿든지, 우리가 어디에 있든지 그 장소에 서린 고유의 신성함과 아름다움을 알아차릴 수만 있다면 그곳은 복이 될 수 있습니다. 그 '장소'는 다른 사람의 가슴 속일 수도 있고, 새로 싹이 튼 나무일 수 있으며 배수관을 기어오르는 솜털로 덮인 애벌레일 수 있습니다. 현재의 순간에 집중을 하는 것이 복을 받는 지름길입니다. 그래야 진정으로 삶과 하느님의 아름다움과 친밀하게 교제를 나눌 수 있으니까요. 복에 "반응을 하는 것"은 이미 거기에 있는 선한 기운을 실제로 불러일으키는 것입니다.

히브리 성서에서 복은 신성한 생명과 소통하는 어떤 기운을 아는 것이라고 합니다. 이 신성한 생명을 통해서 힘, 기운, 그리고 내면의 평화를 얻습니다. 유대인들은 복(*berakahs*)을 서로 자주 주고받았습니다. 그들은 "오! 주님, 복되신 분..."이라고 기도하며 하느님께 감사를 드림으로써 자기들에게 하신 모든 일을 인정을 했습니다.

여러 가지 다양한 목적을 위해 복을 빌었지요. 거룩하게 돌보아 달라고, 누군가를 위해 기도해달라고, 다른 사람에게 호의를 베풀어 달라고, 행복을 달라고, 안전하게 지키고 보호해 달라고, 행운과 만족감을 달라고, 다른 사람을 공감해 힘을 북돋워달라고 등등... 하느님이 복을 비실 때마다 풍성한 생명력과 엄청난 선한 기운이 뿜어져 나옵니다. 가장 으뜸가는 사례가 창세기 12장에 나오지요. 하느님께서 아브람에게 복을 비시며 아브람은 새 생명의 풍성함을 상징하는 수많은 후손을 거느리게 되리라고 약속하셨습니다.

우리 삶에 선과 신성한 기운을 가져다주는 것이라면 사람이든 사물이든 그것은 복입니다. 복을 빈다는 것은 우리 존재와 행동으로 다른 사람에게 사랑과 자비의 손길, 즉 하느님의 손길을 불러오는 것입니다. 복은 "내가 너를 돌봐주고 있잖아. 너에게 좋은 것이라면 난 뭐든지 되고 싶어. 너를 정말 사랑해. 너의 생명이 내 사랑으로 가득 채워졌으면..."이라고 하느님이 우리에게 건네는 사랑의 인사입니다.

복이 항상 당장에 기분 좋은 일이 아닐 때도 있습니다. 때로 이런 복은 고통, 싸움, 받아들일 수 없는 시련으로 변장을 하고 찾아오기도 합니다. 힘들었던 시간과 사건이 결국 은총이었음을 훗날 뒤늦은 깨달음으로 알기도 하지요.

이즈음 "복을 비는 잔"으로 기도하신다면 여러분의 것이 된 셀 수 없는 복을 점점 더 알아차리시길 바랍니다. 여러분이 누구든지 무엇을 하든지 다른 사람의 삶에 어떻게 깊고 넓은 사랑의 복이 되었는지 점점 더 알아차리길 기원합니다. 무엇보다 모든 선물을 주신, 복 중의 복인 하느님을 향한 여러분의 사랑과 감사가 더 성숙하고 풍부해지길 기원합니다.

은총의 하느님,
기억의 리본을

묶어 주소서 나의 가슴 둘레에,
그리하여
나의 삶이 어둠 속에
감춰져 있을 때
스스로 당신을 드러내 보여 주셨던
그 신성한 장소를
제가 기억할 수 있게 하소서.

흔들어 주소서
저의 기억의 잔을
그리고 그 안의 깊이를
들여다보게 하소서
그리하여
당신께로 이끌어준 이들과
일어난 일들을 기억하게 하소서.
새로 기억하게 하소서
당신과 저의 나눔 속에
나의 기억 속에
깊이 새겨진
당신이 제게 주신
생생한 사랑의 자국들이
찍힌 내 마음 속
사진들을…

제가 지난 일들을 돌아볼 때
나의 영혼의 보물 창고를 열어주소서
한이 없는 당신
사랑의 진실을 드러내셔서
놀라움과 감사로
저의 가슴을 채워 주소서.

아름다움이신 하느님
사랑스런 당신 모습 자체인
그 복이 저를 놀라게 합니다.
당신 존재의 강력한 힘이
저의 모든 삶을 풍성케 합니다.
당신께 축복을
당신께 축복을
　— 주이스 럽

1일

복을 비는 잔

> 복을 비는 일은 당신의 작은 일부를 무언가에 드린다는 뜻입니다. 그대가 존재함으로써 어딘가에 변화가 일어나고 또 누군가 변한다는 거룩함을 의미하지요.
>
> ― 마크리나 위더케어

복을 비는 권한과 능력이 비단 성직자만의 몫은 아닙니다. 평신도인 우리도 복을 빌 수 있습니다. 아니, 우리가 복이 되기도 합니다. 우리가 누군가를 위해서 복을 빌 때, 그 복은 깊고 넓은 하느님의 선하심 혹은 복을 빌고 계신 내 안의 하느님입니다. 복을 빈다는 것은 내가 느끼는 '신성함'을 다른 사람도 느끼게 하는 겁니다. 신약성서를 보면 예수님이 그렇게 많이 복을 빌어주신 것 같지는 않더군요. 오히려 예수님은 복 자체가 **되셨습니다**. 그분의 현존과 선하심이 생명, 능력, 치유, 용기, 그리고 생기와 같은 기운을 주셨지요.

저에게도 아주 많은 분들이 복을 빌어주셨어요. 복을 빌어주셔서 정말 고마웠다고 제가 일부러 인사를 드린 경우 말고, 대부분의 사람들은 저에게 어떻게 복이 되었는지 모르실 겁니다. 잔잔한 미소와 사랑스런 표정으로, 자기들의 삶의 이야기와 확신으로, 염려와 보살핌 등으로 복이 되셨기 때문입니다. 따스한 말과 행동으로도 복이 되셨습니다.

내가 속한 공동체에 나이가 지긋한 에밀리라는 자매님이 계셨는데 그분은 이렇게 저에게 복을 빌어 주시곤 했지요. 자매님의 피정을 이끌었던 마지막 날, 자매님을 만나자 갑자기 축복받고 싶은 절실함이 일었습니다. 제가 생전 처음 책을 쓰기 시작했던 무렵이어서 저는 무척 스트레스를 받고 있었습니다. 내 자신의 무능력과 풀리지 않는 의문들이 늘어났고, 책 쓰는 일이 앞이 안 보이는 부담스러운 일로 느껴졌으니까요. 힘과 위로가 정말 필요했고 내 손이 복을 받고 싶다는 마음마저 들었습니다.

에밀리 자매님은 참으로 인자한 분이셨어요. 자기 손을 펴서 내 손을 거기 올려놓으시더니 아주 부드럽게 손을 감싸시더군요. 무슨 말씀인지 하셨겠지요. 기억이 안 납니다만 아, 그때 그 순간 저를 감쌌던 깊고 깊은 평화와 한없는 고마움! 샘처럼 솟아나던 그 새로운 힘과 용기! 자매님이 저를 신뢰하고 있을 뿐 아니라 자매님의 선함과 신성한 기운이 나를 위해 복을 빌고 있다는 느낌... 저는 훨씬 충전된 기운과 깊어진 희망으로 글을 끝까지 잘 써낼 수 있으리라는 자신감을 얻었습니다. 그로부터 몇 년이 흘러 에밀리 자매님은 암으로 세상을 뜨셨습니다. 손으로 글을 쓸 때마다 저는 자매님을 생각하게 됩니다.

여러분은 복 속에서 살았다고 생각하시나요? 아니면 복을 받은 적도 남에게 빌어준 적도 없다고 생각하시나요? 여러분이 지금 어디에 계시든지 오늘은 잠시 멈추고 자기에게도 다른 사람에게 복을 빌어줄 힘이 있다고 믿으시길 바랍니다.

〈오늘의 묵상〉

호흡기도
  숨을 들이쉬며: 나의 하느님...
  숨을 내쉬며:...다른 사람에게 복을 비시는

묵상
  두 손으로 컵을 들어 올립니다.
  두 손으로 컵을 감싸 줍니다.
  내 안에 계시는 하느님의 기운을 기억합니다.
  나에게 복을 빌어 주신 분들을 생각합니다.
  그분들은 어떻게 복을 빌어 주셨나요?
  나는 다른 이들에게 어떻게 복을 빌어주었나 생각합니다.
  내 안의 하느님의 기운께 감사드립니다.
  복을 빌어주고 받는 능력에 감사드립니다.

성서: 베드로전서 3:8-12
  복을 빌어 주십시오. 여러분으로 하여금 복을 상속받게 하시려고
  하느님께서 여러분을 부르셨습니다.(벧전 3:9)

영성 일기

내가 다른 사람에게 복을 빌어 주시는 하느님의 기운을 경험한 때는…

나에게 특히 복을 많이 빌어준 이들은…

복 받으신 분이여, ….

기도

만복과 선의 근원이신 주님,
무한한 아름다움과
한이 없는 사랑이신 당신은
모든 순간 저에게 복을 내리십니다.
저를 통해 당신의 빛을 비추시고
저와 인연을 맺은 모든 사람에게
복되고 사랑스런 당신 모습을 경험케 하소서.

오늘의 다짐

오늘은 만나는 모든 사람들에게 사랑스런 모습으로
내 존재가 복이 되렵니다.

2일

기억의 잔

이곳에서 저곳으로 간다는 것은 겨울에 추위를 이겨내기 위해 봄철의 아름다운 자기 둥지를 기억하는 새와 같습니다.

— 낸시 우드

나이를 먹어 기억력이 약해지고 나서야 비로소 기억력이 엄청난 선물이었음을 깨닫게 되지요. 기억은 받은 복을 생각나게 하고, 또 그 복을 고마워하게 하며, 복과 함께 우리가 성장했음을 깨닫게 합니다. 행복한 기억들은 추운 날의 온기처럼 새로운 힘을 줍니다. 가슴 속에 희망이라는 환한 등불도 달아 주고요. 우리를 서로 연결시켜 주는 것도 그 행복했던 기억들이 아니겠어요.

성만찬을 할 때마다 우리들은 공통된 기억 하나를 가지고 모입니다. 예수님께서 유월절에 빵과 포도주에 복을 비신 후 제자들에게 가슴으로 이렇게 빌었지요. "나를 기억하며 이를 행하라"(누가 22: 19). 이토록 강렬한 선언이 오늘까지 우리에게 전해지는 이유는 그에 대한 기억법이 세대를 넘어 계속해서 다음 세대로 전해져 왔기 때문입니다. 포도주를 담았던 그 잔은 인류를 위해 아낌없이 자신의 목숨을 내준 한 인간의 생애를 담은 "기억의 잔"이 되었습니다. 그리고 희생의 잔, 사랑의 잔, 화합의 잔이 되었습니다. 마침내 이 잔은 수많은 취약한 영적 순례자들에게 용기와 희망을 회복시켜주는 잔이 되었습니다.

기억을 할 수 있는 능력은 귀중한 선물입니다. 우리 가슴이 고마움으로 가득 차오르게 될 때는 누리는 복을 새삼스레 기억할 수 있을 때지요. 기억 없이 어떻게 우리에게 일어났던 선한 일들을 우리가 음미할 수 있을까요? 기억 없이 우리는 고통스러운 과거의 상처에서 치유될 수도 없습니다. 우리 정신을 휘저어 놓는 것이 무엇이냐에 따라, 또 그것을 우리가 어떻게 소화해서 살아가느냐에 따라 기억이란 복이 되기도 하고 시험이 되기도 합니다.

우리는 모두 다양한 기억들을 가지고 살아갑니다. 불쾌한 기억들이 불쑥 떠오를 때가 있습니다. 그때는 나를 되돌아볼 때라고 생각해 봅시다. 자신을 더 깊이 성찰한 다음, 불필요한 기억들과 슬프고 아픈 기억들은 보내 버리고, 위로와 희망을 주는 기억들에 집중하면 어떨까요.

오늘은 여러분의 기억들을 체로 한번 걸러내 봅시다. 기억들의 문지기가 되어, 앞으로 뛰어나가는 기억은 붙잡아 그 중 가장 아름다운 기억들만 키워봅시다. 그리고 천천히 음미해 봅시다. 축복받은 기억들이 여러분을 희망으로 차오르게 할 때까지.

〈오늘의 묵상〉

호흡기도

  숨을 들이쉬며: 나는 기억합니다...
  숨을 내쉬며:...나를 위한 당신의 사랑을

묵상

  두 손으로 축복의 잔을 듭니다.
  기억들로 채웁니다.
  사랑과 행복이 가득한 기억을 선택합니다.
  이 기억이 나의 전 존재를 휘감도록 합니다.
  그것에서 새로운 내적인 힘을 받습니다.
  종이 한 장에 이 기억을 한 단어로 메모해 둡니다.
  오늘, 기억의 잔에 그 단어를 담습니다.
  이 기억을 주심에 감사드립니다.

성서: 신명기 4:9-20

  당신들은 오로지 삼가 조심하여, 당신들의 눈으로 본 것을
  잊지 않도록 정성을 기울여 지키고, 평생 동안 당신들의 마음속
  에서 사라지지 않도록 하십시오.(신 4:9)

영성 일기

기억의 잔으로 기도할 때 나에게 떠올랐던 기억은?
오늘 내가 가슴 속에 간직하고픈 기억에 대한 생각과 느낌은...나에게 이런 기억은 어떤 복이 되었나?
복을 내리시는 주님...

기도

기억을 주시는 주님,
이제 제 것이 된
아름다운 기억의 보물창고에 감사드립니다.
이 복된 기억들이
저에게 꿈과 영감을 주게 하소서.
오늘은 당신의 선하심과 복을 만나고 싶습니다.
저와 함께 하소서.
(당신이 특별히 복을 빌어주고 싶은 이들의 이름을 적어보셔요.)
주신 복에 감사드립니다.

오늘의 다짐

오늘은 복된 기억을 하나 붙잡아 평화롭고 행복하게 나를 지키게 할 겁니다.

3일

넘쳐흐르는 잔

> 당신께서 내 머리에 기름을 부으시니,
> 내 잔이 넘칩니다.
>
> — 시편 23:5

내가 아주 어렸을 적 그러니까 네다섯 살 무렵, 저는 큰이모 댁에 놀러 가는 날을 너무 좋아해서 언제나 그날이 오기를 손꼽아 기다리곤 했습니다. 이모가 언제나 따뜻하셨고 언제나 너그러우셨기 때문이지요. 아직도 그날이 생생하게 기억이 나네요. 이모가 동전지갑을 꺼내 지갑 속에 들어 있던 동전을 몽땅 내 손에 쏟아 부어 주시던 그날이… 액수가 얼마나 됐는지… 내 조그만 손바닥에 쏟아지는 동전들을 다 받을 수 없었어요. 아, 나를 행복의 도가니에 빠지게 만든 동전 몇 닢들. 그 속에 깃들었던 큰이모의 자애로움.

나에게는 하느님의 자비가 그렇게 넉넉하게 느껴집니다. 나의 생각과 감정, 내가 처한 상황, 내 행동의 올바름과 상관없이 언제나 한결같이 관대한 하느님께 저는 놀랄 때가 참 많아요. 하느님은 나를 사랑으로 환대하시고 평화로운 마음을 유지시켜 주시는, 놀랍도록 경이로운 분입니다. 내 삶의 작은 손바닥에 은총과 선한 것을 철철 넘치게 주시는 깊은 사랑의 소유자. 내 영적 여정에 필요한 모든 것을 주셔서 나의 삶을 풍요롭게 하시는 분. 이렇듯 하느님의 한이 없는 자비는 저에게는 "바닥이 없는 잔"과 같습니다. 풍성한 하느님의 자비의 샘에서 길어 올린 사랑을 이제껏 마시고 또 마셨는데 신기하게도 그 사랑은 아직 남아 있습니다.

살면서 받은 은총들을 가만히 세어보면 내 지력으로는 도저히 헤아릴 수 없는 신비한 사랑이었지요. 아낌없이 거저 주신 모든 선물들 중 나의 수고로 얻어진 건 하나도 없으니까요. 내 인생과 내면에 주신 선물들은 얼마나 놀라운 것들인가요. 날마다 받는 보살핌과 이끄심은 또 어떠한지요. 세상이 돌아가는 신비한 이치, 스스로 재생되는 오묘한 인체의 회복력 등... 이 모든 신비함에 깊이 경탄할 따름입니다. 우주를 바라보노라면 도대체 어떤 이가 있어 이토록 다양한 색깔과 모양과 형태와 설계도로 광대무변한 경이로운 세계를 창조했는지 놀랍습니다. 자기만의 독특한 유일무이한 재능을 사람들에게 나눠주는 나와 인연을 맺은 사람들은 또 얼마나 깊고 커다란 신비인지요. 나에게 그이들을 통해 하느님의 사랑이 전해진다는 사실은 의심할 여지가 없지요.

성서에는 하느님의 풍부함에 대한 언급이 자주 나옵니다. 우리 가슴 안으로 이 신성한 사랑이 들이부어지고 있다지요(로마서 5:5). 요엘서에는 하느님의 영이 모든 인간에게 부여되었다고 합니다(2: 28). 시편에는 다양한 하느님의 선물을 보여주기 위해 다채로운 이미지가 등장합니다. 우리 저마다의 삶 역시 거룩하고 관대한 하느님의 사랑을 드러내기에 충분하지 않나요? 오늘은 신비한 하느님의 사랑 안으로 한 발자국 더 들어갑시다. 여러분은 그 안에서 무엇을 찾아내셨나요? 그것을 즐겨보십시오.

〈오늘의 묵상〉

호흡기도
    숨을 들이쉬며: 넘칩니다...
    숨을 내쉬며:...당신의 사랑으로

묵상
    앞에 컵을 놓습니다.
    가장자리까지 물을 채웁니다.
    컵이 얼마나 차올랐는지 앉아서 생각합니다.
    눈을 감고 나를 채워주시는 하느님의 사랑을 그려봅니다.
    나의 전체가 이 사랑을 받도록 합니다.

성서: 시편 36:5-9
    주님의 한결 같은 사랑이 어찌 그리 깊습니까?
    사람들이 주님의 날개 그늘로 피합니다.
    주님의 집에 있는 기름진 것으로 그들이 배불리 먹고
    주님이 그들에게 주님의 시내에서 단물을 마시게 합니다.
    (시 36:7-8)

영성 일기

    내 잔이 넘칠 때는...

    내가 하느님의 풍성함을 받는 데 어려운 경우는...

    은혜가 풍성한 주님, ...

기도

    한없이 풍성하신 하느님,

    당신의 넉넉하심은 저의 생각을 초월합니다.

    제가 필요한 것이라면 모두 주시는 주님,

    당신의 엄청난 자비로우심에 감사드립니다.

    사랑을 넘치도록 부어주시는 당신을 찬미합니다.

    제가 당신의 선하심을 선포하게 하소서.

오늘의 다짐

    컵이나 사발에 무언가를 부을 때마다, 자비하신 하느님께서 얼마나 넘치는 축복으로 내 삶을 채워주시는지 생각 하면서 마음 가득 미소 짓겠습니다.

4일

변장한 복

우리가 자는 동안에 잊을 수 없는 고통이
우리 가슴 위로 한 방울씩 한 방울씩 흘러내리고,
우리 뜻과는 반대로 우리가 절망하는 동안에
하느님의 놀라운 은총을 통해 지혜가 찾아옵니다.
— 아이스퀼로스

아주 커다란 복들 중에서 어떤 복은 가능하면 빨리 내동댕이쳐버리고 싶은 것들이 있습니다. 힘에 부치는 난감한 형국이 그렇지요. 긴 세월 동안 잠복해 있는 극심한 아픔이 때로 선물을 간직하고 있을 때가 있습니다. 혼돈과 소용돌이, 가슴앓이, 싸움 등이 때로 복을 숨기고 있는 경우도 있지요. 여전히 그것 때문에 너무 아프고 너무 화가 나고 너무 슬프고 너무 압도당하고 있는 상태인데 어떻게 그걸 복으로 받아들일 수 있을까요. 행복을 영원히 파괴해 버린 사건 속에 복이 들어 있었음을 나중에 깨닫게 경우가 있습니다.

내 동생 데이비드는 스물세 살 때 익사를 했습니다. 그때 저는 스물다섯 살이었어요. 내가 그 비극 속에 선물이 들어 있었음을 알아차리는 데 꼬박 15년이란 세월이 흘렀습니다. 내 동생의 죽음은 저를 사별, 상실, 비통함에 대한 주제로 글을 쓰게 만들었습니다. 그때의 참담한 아픔과 사투를 벌이다가 저는 지금처럼 글 쓰는 사람이 되었습니다. 내 동생의 죽음이 저에게 복이 되었다고 말하는 게 결코 아닙니다. 고통스러운 경험 속에서 얻어진 통찰력과 영적 성장이 내가 겪은 비극 속에 변장을 하고 숨어 있던 복이었노라고 말씀드리는 겁니다.

고난의 끝자락엔 그 후로 이어질 복이 어김없이 기다리고 있습니다. 하느님의 천사와 맞서 싸웠던 야곱의 싸움은 피하고 싶었던 고난과 사투를 벌이는 우리 자신의 이야기를 상징하지요. 긴 밤 내내(어둠), 야곱은 어떤 알 수 없는 이와 투쟁을 벌입니다(원치 않는 고통). 야곱은 그러는 동안 부상을 당하고 맙니다(고통스런 기억). 야곱은 천사에게 이런 말을 할 수 있을 정도로 지혜로웠습니다. "당신이 내게 복을 빌어줄 때까지 당신을 보낼 수가 없네요." (내가 받는 이 고난의 의미와 앞으로 살아갈 희망과 이번 싸움이 가져다줄 지혜를 지금은 알 수 없더라도 이 수난의 의미와 앞으로의 희망과 지혜를 꼭 저에게 가르쳐 준 후 돌아가십시오.) 야곱은 절룩거리며 돌아갔으나 그 싸움을 치르기 전보다 훨씬 더 지혜로운 사람이 되었습니다.

때로 고통은 아무런 의미가 없어 보이지요. 그러나 그토록 치열했던 싸움터를 뒤로 하고 떠난 다음이나 그토록 깊은 아픔을 떠나보내기 시작했을 때 우리는 고통과 슬픔으로 변장을 하고 있던 복을 발견하기도 하지요. 서서히 치유가 일어나는 동안, 원래부터 복이 우리 것이었음을 알아차리게 되는 거지요. 오늘은 여러분이 결코 인정할 수 없던 고통을 가만히 들여다 보면서 그 안에 숨은 복을 깨닫는 하루가 되셔요.

〈오늘의 묵상〉

호흡기도

숨을 들이쉬며: 성스러운 지혜자...

숨을 내쉬며:...저에게 복을 빌어주소서 복을 빌어주소서

묵상

두 손으로 컵을 받쳐 들고 일어나 깨어남과 새 생명이 떠오르는 동쪽을 향해 섭니다.

지혜를 주시는 분, 하느님께 컵을 내밉니다.

변장을 한 복에서 숨은 지혜를 받아들입니다.

컵을 가슴에 댑니다.

하느님과 일치한 상태로 몇 분 동안 고요히 있습니다.

성서: 창세기 32:22-32

야곱이 홀로 남았는데 하느님의 천사가 나타나 동이 틀 때까지 그와 씨름을 하였다. 그는 야곱을 이길 수 없다는 것을 알고서 야곱의 엉덩이뼈를 쳤다. 야곱은 엉덩이뼈를 다쳤다...그가 "나를 놓아줘..." 하고 외쳤다. 그러나 야곱은 "나에게 복을 빌어주기 전에는 보내주지 않을 겁니다"라고 말했다.(창 32:24-26)

영성 일기

내가 씨름하며 의미를 캐는 것, 어떻게 거기 복이 들어 있는지
알게 됐는지...
변장을 한 복 중, 이제 서서히 내가 깨닫는 것은 무엇인지?
전지하신 유일한 주님, 저에게 가르쳐 주소서....

기도

거룩하신 지혜자시여, 넓디넓은 비전으로 오소서.
시련의 나날 동안 깨진 조각들을 통해
저를 체질해 주소서. 내 삶을 이끌어주시는 교훈을
제가 발견하게 하소서.
파국 너머까지 멀리 보는 당신께서 저를 이끌어주시어
내동댕이쳐버리고 싶은 것 속에도
귀중한 선물이 들어 있음을 제가 믿게 하소서.
결국 내 것이 될 변장한 모든 복을 내려주심에
깊은 감사를 드립니다.

오늘의 다짐

오늘 좋지 않은 일이 생기더라도 거기서 복을 찾아낼 때까지
그것을 버리지 않을 겁니다.

5일

감사의 잔

> 불현듯 그 빛들을 보았을 때 나는 혼자 중얼거렸다.... 이게 너의 삶이야. 이게 바로 너의 진정한 삶이란 말이야. 그리고 넌 지금 그걸 살아내고 있잖아. 너의 삶이 나중에 시작되는 게 아니란다. 바로 이거라고, 지금 여기 있는 바로 이것... 우스운 일이다. 얼마나 분주하게 살아가기에 이 사실을 잊고 산단 말인가. 지금 이게 나의 삶인데.
>
> — 리 스미쓰

아주 오래 전, 시청각복합장애인이었던 헬렌 켈러 선생님의 강연회에 갔던 진 휴스톤이 저에게 들려준 이야기입니다. 발표를 마친 선생님과 꼭 대화를 나누고 싶었던 그는 자리에서 일어나 그분 가까이 다가가 자기 얼굴을 쑥 내밀었답니다. 진은 그때의 정경을 이렇게 말합니다. "그분이 내 얼굴과 표정을 다 읽고 계시기에 저는 이렇게 여쭤보았어요. '어떻게 선생님은 그렇게 행복하신가요?' 그러자 그분은 자꾸 웃으시더니, '그야, 매일 매일을 내 마지막 날인 것처럼 순간순간을 소중히 여기며 하느님께 영광을 돌리면서 살아가기 때문이랍니다.'"

놀랍지 않나요, 우리가 삶의 대부분을 놓치고 살아가고 있다는 것이? 감사의 비결은 놀람입니다. 경이감과 신비에 대한 감수성을 잃어버렸을 때, 매순간을 마냥 무거운 마음으로 살아가게 될 때, 우리는 내 둘레에 쌓인 매순간의 은총을 쉽게 놓쳐버리지요. 내 안과 밖을 에워싼 무한한 복에 깨어 있을 때, 인생의 향기와 기미를 우리가 음미할 수 있을 때, 우리 가슴은 받은 복에 더 깊은 감사를 드립니다.

앤드루 하비는 〈열정의 길〉이란 책에서 깊이 있는 눈으로 우리가 이 세계를 자세하게 들여다본다면, 길가에 핀 꽃들, 마주치는 사람들, 우리에게 의미를 전달하는 모든 선함과 우리 자신의 선함으로 인해 하루에도 수백 번씩 감동에 젖게 될 거라고 말합니다. 고마움을 느낀다는 건 어느 곳에서나 발견되는 선함을 긍정하는 일입니다. 고마움에 무감각해지는 것은 은총이 부족해서가 아니라 고마움에 깊이 집중하지 못해서이고 복을 알아차리지 못하기 때문입니다.

감사하는 마음이 줄어들 때마다 고마움을 다시 일깨우는 방법으로, 저는 날마다 내 오감 중 하나를 골라 그것에 집중해보곤 합니다. 어느 날엔 나에게 들리는 모든 소리에 집중해 봅니다. 또 어느 날엔 눈에 들어오는 것 하나하나를 깊이 들여다봅니다. 그러다 보면 지친 피로가 새롭게 회복되지요. 감수성도 회복되어 광활하고 유일한 선물인 이 우주를 새삼스럽게 느낄 수 있습니다.

여러분은 지금 자기만의 인생을 살고 있습니까? 언젠가 시작될 거라는 기대감으로 다른 인생을 기다리고 계십니까?

〈오늘의 묵상〉

호흡기도

　숨을 들이쉬며: 살아서, 깨닫습니다...

　숨을 내쉬며:...고맙습니다, 고맙습니다

묵상

　컵을 들어 좋아하는 음료를 그 안에 담습니다.

　음료를 따를 때 나는 소리에 귀를 기울입니다.

　컵을 들어 냄새를 맡습니다.

　색과 액체와 흐름 등을 들여다봅니다.

　아주 천천히 마십니다. 온전하게 맛을 봅니다.

　오감 중에 어떤 복을 느꼈나요?

　감사를 드립니다.

성서: 시편 116:12-19; 누가 22:14-23

　주님께서 나에게 베푸신 모든 은혜를

　내가 무엇으로 갚을 수 있겠습니까?

　내가 구원의 잔을 들고

　주님의 이름을 부르겠습니다(시편 116:12-13).

　예수께서 컵을 드시고 감사를 드리셨습니다(누가 22:17).

영성 일기

    오늘 누린 복 중 가장 민감하게 느껴지는 것은…

    복되다고 느끼나, 감사드리지 않았던 것은…

    고맙습니다, 풍성한 분…

기도

    주님, 제 마음을 다해 감사를 드리오니,

    당신의 놀라운 행적을 전하겠습니다.

    저를 너그럽게 대해 주신 주님,

    당신께 찬송을 드리겠습니다.

    변함이 없는 당신의 사랑은 영원합니다.

    (시편 9:1; 시편 13:6; 시편 118:29)

오늘의 다짐

    마지막 날인 듯 오늘을 살겠습니다.

6일

가장 큰 복

결코 알게 될 리가 없다. 우리가 하느님을 완전히 다 알 길은 없다… 그러나 잠깐씩 알 수 있을 때가 있다… 우리 안에 불타고 있는, 하느님의 빛이라고 느껴지는 강렬한 그 아름다움을 알아차리게 되는 바로 그 찰나의 순간…

―캐릴 하우스랜더

제시카 파워가 쓴 〈휴식의 집〉이라는 책에는 "너무 많이 베풀어 주시는 하느님"이라는 기막힌 한 편의 시가 들어 있습니다. 자기는 하느님께 취했노라고 노래하고 있지요. 하늘에서 내려온 자비로 가득한 잔들이 너무 많아 기쁨에 겨워 살고 있노라고… 제가 하느님께 취했다는 느낌을 받은 때는 이십 대 후반에 처음으로 스위스 여행을 할 때였습니다. 알프스 산의 어느 중턱에 앉아서 넓디넓은 세상을 바라보고 있자니 어떤 절대적인 신비 속으로 빠져드는 것만 같았습니다. 신성한 아름다움에 휩싸인 내 영혼 깊은 곳에서는 "오! 아름다운 하느님"이라는 리듬이 계속 울려 퍼지더군요. 아! 장엄한 아름다운 풍경이 계속 눈앞에 펼쳐지는데 저는 취해서 마구 휘청거리는 것만 같았습니다.

하느님은 그 무엇보다 거대한 아름다움입니다. 지속적으로 우리를 끌어당기는 장대한 아름다움은 영원한 사랑으로 우릴 감싸 안는 아름다움입니다. 인간인 우리를 향해서 애원하고 계신 신비하고 절대적인 사랑의 존재는 우리더러 완전한 사랑 속에 잠겨보라고 속삭이고 계십니다. 그 순수하고 영원한 사랑은 우리들의 사랑도 찾고 계십니다. 제가 받은 가장 큰 복은 하느님, 그분의 본질 자체입니다. 신비한 하느님의 아름다움을 알아차리는 것과 하느님의 포옹과 환대를 받고 또 받는다는 이런 느낌들은 참으로 강렬합니다.

저는 측량할 길이 없는 엄청난 사랑과 자비를 다른 사람들 속에서도 발견합니다. 저는 하느님의 사랑을 힘차게 노래 부르는 살아 있는 모든 생명체에서도 찾아낼 수 있습니다. 인간은 제각기 아름다운 하느님의 본성을 비추는 거울이지요. 인간은 자신을 창조한 분을 드러내려고 제각각 무언가를 채우고 있는 하나의 커다란 그릇들입니다. 창조한 분의 아름다움이 내 안에도 있음을 저는 알고 있습니다. 내 안의 아름다움을 존재의 심층에서 침묵으로 만나곤 하지요. 때때로 우리 모두는 하느님의 손길과 접촉한 듯한 희귀한 순간을 제각기 경험합니다. 그 순간은 지극히 짧은 찰나이지만, 혼돈 아래로 조화로운 샘물이 흐르고 있음을 일깨워주기에는 충분한 시간입니다. 모든 생명이 서로 어울려 사랑의 그물망을 짜고 있는 영원한 아름다움이 깃든 찰나…

하느님을 접촉한 경험은 가장 순수한 우리의 복입니다. 이 신성한 아름다움을 접촉하게 되는 모든 순간은 조건 없는 사랑으로 베풀어주신 시간입니다.

하느님은 우리가 "물려받을 유산이며 잔"(시편 16:5)입니다. 6주

동안의 귀한 인연을 마무리하면서, 우리에게 "가장 사랑하는 사람"이
라고 부르는 우리의 유산이며 잔이신 하느님의 사랑에 휩싸여 우리가
매일매일 살아가고 있음을 다시 한 번 기억하시길 바랍니다. 우리가
더 이상 무엇을 바랄게 있을까요?

〈오늘의 묵상〉

호흡기도
   숨을 들이쉬며: 아름다움이신 하느님...
   숨을 내쉬며:...사랑하는 분

묵상
   두 손으로 컵을 감싸 줍니다.
   하느님 손 안에 감싸인 나를 상상합니다.
   하느님의 아름다움이 내 안에서 노래 부르게 합니다.
   하느님의 위로가 나를 감싸게 합니다.
   하느님의 선하심이 나를 끌어당기게 합니다.
   하느님의 관대하심이 나를 세상을 향해 열리게 합니다.
   하느님의 사랑이 내게 평화를 주게 합니다.
   이 영원한 아름다움 속에 오래 머물러 있습니다.

성서: 골로새서 2:1, 로마서 11:33-36
   하느님의 신비...그 안에는 모든 지혜와 지식의 보물이

감춰져 있습니다.(골 2:3)

오, 하느님의 풍부하심은 어찌 그리 크시고 하느님의 지혜와 지식은 어찌 그리 깊고 깊습니까!(롬 11:33)

영성 일기

가장 오묘한 하느님의 일은...
하느님의 아름다움을 내가 특별히 알게 되는 방법은...
사랑스러운 하느님, 나는....

기도

팔을 쭉 내밀고 서서 눈을 크게 뜹니다.
나에게 떠오르는 하느님의 이름과 성품들을
크게 소리 내어 불러봅니다.
이들이 나의 인생에 내리신 하느님의 은총에
감사와 찬양의 기도가 되게 합니다.
기도가 끝나면 손을 가슴 위에 교차시키고
머리 숙여 경배와 감사의 절을 드립니다.

오늘의 다짐

가슴 위에 손을 얹고 내 영혼과 나의 세계 속에 깃든
하느님의 아름다움과 일치를 이루어 감사를 드립니다.

7일

종합/성찰

1. 지난 6일 동안의 묵상을 다시 되새겨 봅니다.
2. 영성 일기 중 특별히 가슴에 남은 중요한 것을 적어둡니다.
3. 이번 주일 묵상을 간략하게 요약합니다.(그림그리기, 찰흙 빚기, 춤도 요약을 대신할 수 있습니다. 아니면 컵을 그려서 크기와 모양, 형태, 내용, 컵 위에 이번 주의 체험을 상징할 메시지 적어두기 등을 해도 좋습니다.)

메모

다음 주부터 혹은 여러분의 영성훈련을 위해서 지금 막 마친 6주 전체 동안의 기도를 되새겨 보고 싶을지 모르겠습니다. 기도하고 싶으면 거기 잠시 멈춰 서세요. 기억하고 싶은 생각이나 느낌을 적어둡니다. 일기장에 그것을 옮겨둡시다.

6주 동안의 되새김을 마치면 여러분은 그동안의 기도를 통해 경험한 깨달음과 신비를 담고 있는 컵을 그려보고 싶을지도 모르겠습니다. 6주 동안 특히 강렬했던 느낌들을 모아서 작은 쪽지에 간단한 구절로 적어 성스러워진 여러분의 잔에 담아 보셔요. 은혜를 받는 또 하나의 방법은 구절을 하나씩 꺼내 기도하거나 날마다 하나씩 가지고 다니며 6주 동안 받았던 은혜의 시간과 계속 접촉하는 겁니다.

무엇보다 여러분이 컵이든 그 밖에 어떤 그릇을 사용하든, 그때마다 여러분이 하느님이나 세계와 맺은 관계를 수없이 성찰하는 것이 중요합니다. 평범하고 사소한 물건이 날마다 여러분을 하느님께 돌아가게 만들기만을 소망합니다. 〈오늘의 묵상〉에 충실하여 하느님을 향한 여러분의 타는 목마름이 더 강렬해지기를 기원합니다.

그룹 모임

편집자 노트

    〈내 인생의 잔〉을 집필하는 도중에 조이스 럽 수녀님은 집필 과정의 하나로 아이오와 주 드 모인 지역에 거주하는 남성과 여성들로 구성된 어느 모임과 작업을 같이 하셨다. 이 책을 가지고 그 모임의 참가자들은 날마다 개인적으로 기도를 드리고, 주말에는 모두 모여 자신들의 경험을 서로 나눈 다음, 함께 기도를 드렸다. 수녀님은 그 과정이 책의 최종 원고를 준비하는 데 큰 도움이 되었다고 말한다.

    그 결과로 기도 모임, 성경공부, 구역모임, 피정, 정기적인 영성 모임에서도 〈내 인생의 잔〉을 사용할 수 있게 됐다.

    소개해드릴 기도모임 자료는 책을 사용할 그룹들에게 기초자료가 될 것이다. 매 주의 주제와 기도를 한 후 서로에게 질문할 내용들을 자료에 포함시켰다. 인도자는 모임의 활동을 돕는 코디네이터, 촉진자 혹은 모임의 멤버 중 그 누구나 될 수 있다. 집중된 묵상과 토론을 위해 적어도 한 시간 혹은 그 이상의 시간을 갖도록 제안한다.

그룹 모임에서 나눔을 위한 안내

다음 질문들은 매주 기도 경험을 나눌 때 서로 주고받을 수 있는 질문들이다. 보다 구체적인 질문들도 좋을 것이다.

1. 지난 한 주 동안, 영적 훈련을 통해 깨달은 바를 어떻게 요약하실 수 있습니까?
2. 지난주를 묵상하면서, 가장 깊이 깨달았던 날은?
   가장 힘들었던 날은?
   가장 고요했던 날은? 가장 기운이 났던 날은?
3. 모임에서 함께 나누고 싶은 질문이 있다면?
4. 매일의 기도를 통해 모임에 가져오고 싶은 것이 있었나요?

나눔을 위한 노트

다른 사람의 이야기를 귀담아 듣고 있는지 잘 살펴야 한다. 한 사람이 두 차례 말하기 전에 모든 사람에게 충분하게 말할 수 있는 시간과 기회를 주어야 한다. 나눔의 시간은 문제를 해결하는 시간이 아님을 명심해야 한다. 모임의 목적은 다른 사람의 어려움을 돌보는 시간도 아니다. 이 시간은 서로의 이야기를 잘 귀담아 듣는 시간이며, 현재의 순간에 마음을 모음으로써 영적 성장을 서로 돕는 격려의 시간이다.

첫째 주

생명의 잔

인도자

그룹의 한가운데 낮은 탁자를 두고 그 위에 물을 채운 유리병과 촛불을 켜 놓는다. 참가자들이 자기소개를 하고, 기도 여행에서 쓸 특별한 컵을 고르게 된 이유를 설명하게 한다. 소개가 끝나면, 참가자들은 탁자 위에 컵을 놓는다. 이어서 아래의 기도를 드린다.

시작하면서 함께 기도

사랑과 생명의 주님, 당신은 우리 인생의 잔에 변화시키는 사랑을 따라주십니다. 열린 흙 속으로 떨어지는 봄비처럼, 당신의 사랑과 우리는 한데 어울리고 섞여서 생명 넘치는 하나가 됩니다. 당신이 계심으로 우리는 변화하고 성숙합니다. 그러므로 당신의 현존은 우리에게 정말 필요한 힘입니다. 당신이 주시는 사랑의 은총은 끝이 없는 영적 변화의 과정에 우리도 참여할 수 있게 해 주십니다. 성숙할 준비를 갖춘 우리, 얼마나 감사한지요!

인도자

우리 속에 계신 주님의 사랑에 집중을 하며 고요 속으로 들어갑니다.

호흡기도

숨을 마시며: 오, 신성한 생명…
숨을 내쉬며: …나를 통해 흐르는

(2, 3분이 지난 후, 그룹은 찬송가나 챈트를 부른다.)

인도자

거룩한 생명이시여, 나눔의 시간 동안 우리를 인도하시고 이끌어주소서. 우리 안에, 그리고 우리들 사이에 계시는 주님을 기억하면서 우리가 각자 자기의 이야기를 할 때 서로의 말을 경청하게 도우소서. 아멘.

나눔의 시간

("그룹 모임에서 나눔을 위한 안내" 참고. 228쪽)

질문들

1. 당신이 하느님의 사랑의 노래가 된다면 어떤 느낌이 듭니까? 이런 생각이 당신의 살아가는 방식에 영향을 미칠까요?
2. 언제, 당신은 당신 속에, 또한 다른 사람 속에 계시는 하느님의

존재를 가장 분명하게 느끼십니까?
3. 당신을 통해 일하시는 하느님의 능력을 경험한 적이 있다면 그것을 설명해 주시겠어요?
4. 영적훈련을 하면서 생활에 한계를 정하는 것이 어려울 때가 있습니까? 어떤 식으로 한계를 정했을 때 도움이 되셨나요?
5. 이번 주에 당신의 잔이 어떻게 스승이 되었나요?

마치면서

함께 읽기: 요한복음 4:10
    인도자는 물병을 높이 든다. 다른 참가자들은
    물을 축복하는 물병을 향해 손을 내민다.

독서자(독서자가 읽은 후 그룹도 함께)
    우리 앞에 놓인 이 물이 우리 안에 계신 거룩한 분의
    생명력과 활동력을 상기시키게 하옵소서.
    이 물로 하여금 우리를 비추시는 하느님의 빛을
    투명하게 비출 수 있도록 도우소서.
    하느님의 복이 우리와 우리의 생명의 근원인 물 위에
    내리게 하소서! 아멘.

인도자
    인도자는 참가자들에게 각자의 잔을 들고 축복받은 물을 받기 위해 손을 내밀라고 청한다. 인도자는 각 사람의 잔에 조금씩 축복의 물을 따라준다. 인도자를 포함해서 모두 물을 받았다면 인도자가 아래의 말로 축복할 때 컵을 들어 올린다:

"이 복된 물을 받으십시오.
이 잔으로 마시는 물이 우리의 몸과 영혼을
새롭게 하소서." (복된 물을 묵상하며 천천히 마신다.)

함께 드리는 기도: 노르비치의 쥴리안의 기도
선하신 주님, 당신만으로도 저는 충분하오니
당신을 저에게 주소서.
완전히 당신을 영화롭게 하는 일이 아니면
저는 당신께 구할 수 없습니다.
만일 제가 당신을 영화롭게 하는 데서 조금이라도 부족한
것을 구한다면, 저 자신이 항상 부족함을 느낄 것입니다.
오직 당신 안에서만 저는 모든 것을 소유합니다.

노래
"목마른 자들아" (찬송가 526장)

축복의 인사
서로 평화의 표시를 합니다.

둘째 주

열린 잔

인도자

탁자 가운데 촛불을 켜고 그 옆에 두 개의 컵을 놓는다. 하나는 바로 세워 받는 모양으로 놓고, 하나는 엎어서 받을 수 없는 모양으로 둔다. 시작 기도를 마친 후, 초를 가운데 놓고 초를 에워싸듯이 모든 참가자들의 컵을 둥그렇게 놓는다.

시작하면서

인도자

이제, 우리 모두 두 손으로 각자 자기 컵을 들어 열린 컵 안을 들여다봄으로써 시작합시다. 이 순간 우리 내면을 묵상합시다.
우리 내면의 잔이 비어 있나요? 반쯤 차 있나요?
가장자리까지 차 있나요?
어느 정도 더 잔이 차게 되길 원합니까?
무엇 때문에 잔을 비워야 한다고 생각합니까?

인도자 (짧은 묵상 후)

컵을 통해 무슨 말을 들었는지 각자 하나의 단어나 짧은 구절을 말합니다. (한 단어나 구절입니다. 나중에 길게 나눌 기회가 있습니다.) 잠시 단어나 구절을 생각하신 다음, 단어나 구절을 서로 나눌 것입니다.

찬송가 혹은 챈트

"주님의 뜻을 이루소서"(찬송가 425장)

인도자

거룩한 생명이시여, 나눔의 시간 동안 우리를 인도하시고 이끌어주소서. 우리 안에, 그리고 우리들 사이에 계시는 주님을 기억하면서, 우리가 각자 자기의 이야기를 할 때 서로의 말을 경청하게 도우소서. 아멘.

나눔의 시간

("그룹 모임에서 나눔을 위한 안내" 참고. 228쪽)

질문들

1. 당신 내면의 잡다한 쓰레기더미는 어떤 것들인가요?
2. 기도를 하면서 어떻게 '귀 기울이십니까'?
3. "비움과 채움"의 순환을 당신 자신의 삶과 결부시키십니까?

4. 무엇이 당신으로 하여금 하느님을 신뢰하게 하는지요?
5. 일상에서 홀로 있는 시간을 낼 수 있나요?

마치면서

인도자는 그룹의 가운데 앉는다. 무릎 위에 손을 놓고 주고받을 준비가 된 모양으로 손바닥을 편다. 인도자는 "하느님, 당신만으로 저는 충분합니다."라고 말한다. 그리고 참가자 스스로 원한다면 차례로 따라하게 한다.

시작을 위한 기도

"시작을 위한 기도"로 이어간다. 참가자들이 둥글게 원을 지어 서서 한 부분씩 돌아가며 읽는다. 마지막 부분은 참가자 전원이 함께 읽는다.

자유로운 영이시여,
제 마음과 가슴의 문을 열어주소서.
제가 모든 것을 제 뜻대로 하고 싶을 때
장벽을 들어 올리셔서
제 강한 욕구들을 해체시켜주소서.

광활하신 하느님, 제 안에까지 이르소서.
오셔서 제 안의 묵은 잡동사니를

모두 치워주시어
받아들이는 저의 힘을 확장시켜주소서.

진리를 가져오시는 분,
우리 관계의 성장을 방해하는
그 무엇들을 제 안에서 비워내게 하소서
내 성장의 원천은 당신임을 인정하여
진리를 받아들이게 도와주소서.

인생의 사계절을 창조하신 분,
비움을 저항하는 저의 마음을 녹게 하소서.
변화의 촉매 역할을 하는 제 영혼의 사계절을
기쁘게 맞아들이게 하소서.

성실한 친구,
당신을 향한 저의 믿음을 더 깊어가게 도우소서.
의심, 두려움, 낙담을 달래주시옵소서.
그리하여 제가 스스로 약하다고 느껴질 때
당신이 내가 믿는 안식처라고
다시 한 번 깨닫게 하소서.

거룩한 신비자시여,
저로 하여금 당신 안에 영원한
뿌리를 내리게 하소서.

홀로 있게 하소서.
당신과 하나가 되는 영원한 만남,
그 만남이 이루어지는 곳으로 저를 데려가소서.

신성한 음성으로 속삭이는 분,
제 영혼의 귀를 열어주소서.
침묵 속에서 들려오고
삶의 소음 속에서 들려오는
당신의 목소리를 듣게 하소서.
온 마음으로 제가 당신의 신성한 음성을
들을 수 있게 저를 일깨우소서.

자비를 가져오시고 성장케 하시는 분,
한량없이 넉넉한 당신의 자비를
마음을 열어 받을 수 있길 간절히 비옵니다.
비움과 채움의 순환 가운데서도
당신이 우리 곁에 계심을 신뢰하게 하소서.

찬송가 혹은 챈트

"위에 계신 나의 친구"(찬송가 92장), 혹은 다른 챈트

축복의 인사

서로에게 다가가 "하느님이 당신께 충분하길 빕니다."라는 인사를 주고받는다.

셋째 주

이 빠진 잔

인도자에게

탁자 중심에 촛불을 켜둔다. 그 둘레에 온전하지 못한 흠이 난 물건들을 몇 개 둔다. 예를 들어 타다 만 양초, 이가 빠지거나 조각이 난 컵이나 접시, 해진 행주조각이나 수건, 찢어지거나 구겨진 책 표지, 구멍이 난 나뭇잎, 변색된 은그릇 하나 등.

시작하면서

참가자들에게 각자의 컵을 들고 앞으로 나와서 온전치 못한 물건들이 놓인 탁자 위에 놓도록 권한다. 컵을 놓으며 자기의 이름을 부른다. 모든 컵을 놓은 다음, 참가자들은 인도자가 다음과 같이 기도드릴 때 손을 컵 위에 얹는다.

인도자
  사랑의 창조주, 장점과 단점, 어둠과 빛을 지닌 우리가 당신 앞에 나왔습니다. 당신께 비오니 매일 이 잔으로 기도드리는 우리와 이 잔에 복을 내려주소서. 우리 영혼이 날마다 발돋움하여 보다 더 온전한 인격으로 성숙해갈 때 우리가 자신을 인정하고 사랑하게 하소서.

호흡기도

숨을 마시며: 오, 주님, 내 안에 계신…

숨을 내쉬며: …당신 안에 있는 나

찬송가 혹은 챈트

"나 같은 죄인 살리신" (찬송가 305장)

셋째 주의 시작하는 시(96쪽 이하)를 읽는다.

한 사람씩 시의 한 연씩 읽으며 원을 이루어 앞으로 나간다.

인도자

오 신성한 생명이시여, 이 나눔의 시간을 지도하고 안내하소서. 저희가 이 시간 서로의 말을 주의 깊게 듣게 하시고, 우리 안에 그리고 우리 사이에 계신 당신을 기억하게 하소서. 아멘.

나눔의 시간

("그룹 모임에서 나눔을 위한 안내" 참고. 228쪽)

질문들
1. '완벽주의'는 하느님과 동행하는 당신의 삶에 영향을 줍니까?
2. 자신의 그림자에 관해서 당신을 무엇을 알고 있나요?
3. 자비에 관해서 가르쳐 준 이는 누구입니까?
4. 당신은 자신이나 타인들의 기대를 통해 영향 받은 영적 여행길을 발견하셨나요?
5. 자기 삶에서 어떻게 지혜를 찾고 구합니까?

마치면서

둥글게 둘러앉는다.

찬송가 혹은 챈트
　찬송가 305장 혹은 다른 챈트

장점과 단점 나누기
　인도자는 참가자들이 자신의 영적인 장점을 묵상하도록 권한다. 그 다음 자신의 장점을 서로 나누도록 한다(원을 돌며 각자 한두 단어씩). 이후에는 그에 대한 어떤 언급도 하지 않는다. 각각의 장점을 존중하며 모두 침묵으로 그것을 수용한다.
　장점을 나눈 후, 인도자는 각자 자신의 단점에 대해 묵상하도록 권한다("흠"이나 "깨진 조각"). 그 다음 자신의 단점을 서로 나누도록 한다. 이후에는 그에 대한 어떤 언급도 하지 않는다. 각각의 약점을 존중하며 모두 침묵으로 그것을 수용한다.

그룹의 참가자들은 서로 손을 잡고 둥글게 선다. 원을 차례로 돌면서 모두 한 사람, 한 사람에게 다음의 말을 해준다. 그렇게 하면서 사랑과 수용의 태도를 취한다.

"(그 사람의 이름을 부르며) 당신은 하느님이 사랑하는 사람."

축복의 인사

축복의 인사나 평화의 인사를 한다.

넷째 주

깨진 잔

인도자에게

탁자 중심에 컵 하나, 촛불, 십자가를 놓아둔다. 탁자 위에 일회용 반창고를 참가자의 인원수만큼 여기저기에 흩어 놓는다.

시작하면서

인도자는 참가자들에게 하느님의 날개 아래 보호받는 자신을 상상토록 한다. 1, 2분 정도 조용히 하느님의 날개 아래 앉아 있는 시간을 준다. 그 다음 "주 날개 밑 내가 편안히 쉬네"(찬송가 419장), "너 근심 걱정 말아라"(찬송가 382장) 등의 찬송가를 부르거나 다른 챈트를 불러도 좋다. 인도자는 참가자들에게 앞으로 나와 탁자 위에 놓인 반창고를 가져가게 한다.

모두 조용히 앉아서 치유가 필요한 자신이나 자기가 아는 사람이 받은 상처와 아픔을 응시한다. 몇 분간 이 상처가 치유되길 기도드린다. 참가자들이 자신의 컵에 반창고를 담게 한다.

찬송가 혹은 챈트

"주 날개 밑 내가 편안히 쉬네"(찬송가 419장).

인도자

오 신성한 생명이시여, 이 나눔의 시간을 지도하고 안내하소서. 저희가 이 시간 서로의 말을 주의 깊게 듣게 하시고 우리 안에 그리고 우리 사이에 계신 당신을 기억하게 하소서. 아멘.

나눔의 시간

("그룹 모임에서 나눔을 위한 안내" 참고. 228쪽)

질문들

1. 언제 자신이 깨진 잔처럼 느껴졌나요?
2. 어떤 식으로 당신은 하느님께 저항했나요?
3. 언제 내면의 상처가 치유되었나요?
4. 고칠 길이 영영 없는 잔으로 생각되는 무엇이 당신에게도 있나요?
5. 상처받았다고 느껴졌을 때 어떤 방식의 기도가 당신에게 도움이 됐나요?

마치면서

모두 자기의 잔을 든다. 인도자는 종이 한 장씩을 나눠준다. 참가자는 자기 이름을 그 종이에 적는다. 하느님이 숨기시고 보호해주신다는 뜻으로 컵 안쪽에 종이를 넣는다. 이름을 쓰는 동안 찬송가 "주 날개 밑 내가 평안히 쉬네"나 다른 챈트를 부른다.

함께 기도: 시편 32:7
주님은 나의 피난처,
나를 재난에서 지켜 주실 분!
주님께서 나를 보호하시니,
나는 소리 높여 주님의 구원을 노래하렵니다.

시편 구절들
인도자와 참가자들이 번갈아 아래의 시편 구절을 돌아가며 읽는다.

참으로 하느님,
나를 불쌍히 여겨 주십시오.
불쌍히 여겨 주십시오.
내 영혼이 주님께로 피합니다.
이 재난이 지나가기까지, 내가
주님의 날개 아래로 피합니다.(시편 57:1)

나의 힘이신 주님,
당신만을 바라봅니다.
나의 힘이신 주님,
당신을 찬양합니다.
주님은 내가 피할 요새,
나를 한결같이 사랑하시는 분.(시편 59:9, 17)

내가 영원토록 주님의 장막에 머무르며,
주님의 날개 아래로 피하겠습니다.(시편 61:4)

주님, 주님 밖에는,
나에게 희망이 없습니다.
주님, 어려서부터 나는
주님만을 믿어왔습니다.(시편 71:5-6)

나는 기름진 밀 곡식으로
너희를 먹였을 것이고,
바위에서 따 낸 꿀로
너희를 배부르게 하였을 것이다.(시편 81:16)

가장 높으신 분의 보호를
받으며 사는 너는
전능하신 분의 그늘 아래
머무를 것이다.

"주님은 나의 피난처, 나의 요새,
내가 의지할 하느님"이라고 말하겠다.(시편 91:1-2)

주님은 너를 지키시는 분,
주님은 네 오른쪽에 서서
너를 보호하는 그늘이 되어 주시니,
주님께서는,
네가 나갈 때나 들어올 때나,
이제부터 영원까지
지켜 주실 것이다.(시편 121:5, 8)

산들이 예루살렘을 감싸고 있듯이
주님께서도 당신의 백성을
지금부터 영원토록 감싸주신다.(시편 125:2)

내가 주님을 의지하니,
아침마다
주님의 변함없는 사랑의 말씀을
듣게 해주십시오.
내 영혼이 주님께 의지하니,
내가 가야 할 길을 알려 주십시오.(시편 143:8)

마음이 상한 사람을 고치시고,
그 아픈 곳을 싸매어 주신다.(시편 147:3)

손을 잡고 둥글게 원을 만든다. 인도자는 탁자 위에 두었던 십자가를 가져와 참가자들에게 차례로 건네게 한다. 자기 손에 십자가가 왔을 때 치유가 필요한 이들의 이름을 부른다.

인도자

치유하시는 주님.
당신의 피난처가 저희 곁에 항상 있습니다.
이 시간 우리가 부른 이들을 고쳐주소서.
우리가 치유하는 사랑을
우리와 함께 살고 있는 사람들에게 전하게 하십시오.
우리를 통해 비추시며 여기,
우리와 함께 계시는 당신의 능력이 임하길 빕니다.
치유하시는 주님!
당신께 복을, 당신께 복을 빕니다.

축복의 인사

서로를 향해 얼굴을 돌려 서로의 이마에 십자가의 상징인 성호로 그으며 복을 빈다. 지지와 용기를 주는 말을 하면서.

다섯째 주

자비의 잔

인도자에게

탁자 중심에 촛불을 켜 둔다. 탁자를 신문이나 잡지에 나온 온 세계의 사람들의 사진으로 덮는다.

시작하면서

"성자의 귀한 몸"(찬송가 216장) 혹은 예수그리스도의 몸에 대한 찬송을 부르며 시작한다.

두 손으로 자기 컵을 들고 선다. 먼저 동쪽을 향해 선다. 조용히 동쪽에 있는 사람들을 향해 자기 잔을 내밀어 손을 뻗는다. 잠시 침묵 후, 모두 "우리는 그리스도의 몸입니다."라고 말한다. 남쪽을 향해서도 같은 행동을 한다. 서쪽과 북쪽을 향해서도 같은 행동을 한다.

자비를 구하는 기도

앉은 다음 아래 기도를 드린다. 기도는 원을 돌면서 드려도 된다. 인도자와 교대로 기도해도 된다. 마지막은 함께 드린다.

상처받아 쓰라린 이들과 함께 걸어갑니다. 우리가 함께 걸어갈 때 치유하시는 당신과 아주 가까이 일치를 이루게 하시고, 우리 가슴이 연민으로 항상 따뜻할 수 있도록 하소서.

우리 자신의 기쁨과 슬픔을 가지고 걸어갑니다. 우리 스스로를 애정으로 불쌍히 여기며, 나 역시 돌봄과 살핌이 필요한 사람이라는 것을 믿게 하소서.

우리 가족, 공동체, 사랑하는 사람들과 친구들과 함께 걸어갑니다. 우리들의 가슴이 기쁠 때나 슬플 때나 서로 친밀하게 연결되어 있게 하소서. 당신에게서 새 힘을 얻게 하시고, 그들을 위해 항상 우리가 그들 곁에 있게끔 저희 마음을 열어 주소서.

아름다움과 장엄함, 고통과 통한으로 가득한 이 세계와 함께 걸어갑니다. 우리 모두는 이 장엄한 우주의 어린이들입니다. 우리가 어떤 사람으로 어떤 일을 하거나 내 형제자매와 지구, 그리고 살아 있는 모든 생명체에게 영향을 끼친다는 사실을 늘 잊지 않게 하소서.

치유되지 않은 상처를 가지고 걸어갑니다. 우리가 직시해야 하는 것들을 피하지 않게 하소서, 치유를 방해하는 요소들을 우리가 떠나보낼 수 있는 용기를 허락하소서. 우리와 함께 길을 걷고 계신 당신을 신뢰하게 하소서.

우리가 겪은 시련의 흔적인 상흔을 가지고 걸어갑니다. 상흔은 우리의 스승입니다. 지혜이신 주님, 고요한 묵상으로 이끌어 저희가 그 힘든 시간 동안 배운 진리를 보고 수용하게 하소서.

주님, 살아계신 당신과 함께 걸어갑니다. 우리의 희망이 당신과 더 친밀하게 연결되게 하소서. 우리는 모두 몸이 되신 그리스도의 각각의 지체임을 확신하게 하소서. 다른 사람 속에 있는 당신을 뵙게 하소서. 당신과 일치를 이루는 귀한 보물이 우리에게 새로운 힘이 되고, 다른 이들과 만날 때마다 저희의 영이 새로워지게 하소서. 아멘.
(이 때, 탁자 위에 모든 컵을 올려놓는다.)

인도자
오 신성한 생명이시여, 이 나눔의 시간을 지도하고 안내하소서. 저희가 이 시간 서로의 말을 주의 깊게 듣게 하시고 우리 안에 그리고 우리 사이에 계신 당신을 기억하게 하소서. 아멘.

나눔의 시간

("그룹 모임에서 나눔을 위한 안내" 참고. 228쪽)

질문들

1. 당신에게 자비를 가르쳐 준 분은 누구인가요?

2. "그리스도의 몸"은 당신의 영적 여행길에 어떤 영향을 주었나요?
3. 어떤 동기가 당신을 자비로운 사람이 되고 싶게 하나요?
4. 자비는 당신에게 어떻게 대가를 지불하라고 했나요?
5. "존재와 행동"에 대하여 고민하게 만든 상황에 대해 서로 이야기 나눠봅시다.

마치면서

찬송가 혹은 챈트

"빛나고 높은 보좌와" (찬송가 27장) 혹은 다른 챈트.

동그랗게 원을 만들어 서로 손을 잡고 선다. 고통 받는 이웃들과 나누고 싶은 자기의 선물, 혹은 재능을 크게 말한다.

"인류는 하나 되게"(찬송가 475)를 부르며 끝을 맺는다.

여섯째 주

복을 비는 잔

인도자

탁자 중심에 촛불과 싱싱한 꽃을 담은 꽃병을 둔다. (참가한 사람의 수만큼의 꽃송이가 담긴)

시작하면서

호흡기도
　숨을 마시며: 자비로우신 주님…
　숨을 내쉬며: …고맙습니다.

찬송가 혹은 다른 챈트
　"샤론의 꽃 예수"(찬송가 89장)

"인생의 잔" 기도문
　인도자는 처음 부분을 읽고 참가자들이 차례로 돌아가면 읽는다. 마지막은 다함께 읽는다.

너그러우신 주님, 우리들의 축복의 잔에 당신은 많은 걸 담아주셨습니다. 당신의 선한 기적들로 채워진 수많은 순간을 우리가 얼마나 받았던가요. 당신께선 조건 없는 한없는 사랑을 저희에게 풍성히 내리셨습니다.

모든 걸 감싸 안으시는 주님, 당신은 우리가 고통을 받고, 진리를 탐험하면서 우리들의 자비의 잔을, 호의가 절실하게 필요한 사람들에게 우리들의 연민의 잔을 온전히 거저 나눠주라고 우리를 부르셨습니다. 당신께서 지으셨고, 당신의 가슴 안으로 모아들인 사람들과 저희가 하나를 이루라고 날마다 우리를 부르고 계십니다.

치유하시는 주님, 당신은 저희들이 서로 나누어야 할 통한과 깨진 상처를 가지고 있다는 걸 아십니다. 당신은 절망 속에 빠진 우리 영혼 깊은 곳의 고통과 혼란이 당신의 치유의 손길을 기다리고 있음도 아십니다. 회복시켜주시는 당신의 치유의 손길을 보내주소서.

모든 것을 아시고 꿰뚫어보시는 주님, 우리 잔 속도 다 들여다보십니다. 당신은 우리 속에 있는 버려야 할 쓰레기더미도 아십니다. 당신과의 친밀한 만남만을 두 눈을 뜨고 지켜내라고 하십니다. 그러기 위해서 우리를 방해하는 잡다한 쓰레기들을 내다버리라고 하십니다. 다시 또 다시, 당신은 우리에게 "비우렴, 쏟아내렴, 참된 네 자신이 되는 길을 방해하는 것들은 모두 떠나보내렴." 하고 속삭이고 계십니다.

항상 곁에 계시고 우리를 이해하시는 주님, 당신은 우리를 전적으로 인간으로 지으셨습니다. 우리가 자신의 인격과 삶의 이야기를 가지고 있듯이, 우리 인생의 잔은 깨진 조각, 얼룩, 금간 것들을 가지고 있습니다. 당신은 우리가 변화되는 하나의 길로 스스로의 얼룩을 볼 수 있는 용기를 주셨습니다. 친히 지혜와 안내자가 되셔서 우리의 더러워진 잔을 깨끗이 문질러 씻어야 할 때와 자기의 얼룩을 애정으로 받아들여야 할 때를 분별하게 하십니다.

용서하소서. 저희의 약점과 실수를 아시는 주님, 당신이 우리의 잔을 채우길 바라실 때 저희는 반항했습니다. 우리가 열지도 받아들이지도 않으려고 얼마나 당신을 외면했고 거절했는지 당신은 잘 아십니다. 그러나 당신은 계속 저희를 신뢰했습니다. 너그러운 당신의 사랑으로 우리 잔을 채워줄 준비를 하시고 언제까지 당신은 우리를 기다리고 계십니다.

복을 주시는 주님, 우리 인생의 잔 속에 새 힘과 양분, 새 생명을 주는 것들을 담으라고 우리를 지으셨지요. 당신은 우리가 새 생명을 가진 잔이 되어 다른 사람에게 복을 빌어 주라고 부르십니다. 우리에게 주신 선물이 필요한 다른 사람들에게 그것을 나눠줄 수 있게끔 우리 안의 재능을 깨닫게 하소서.

사랑과 생명의 주님, 당신은 우리 생명의 잔에 변화시키는 사랑을 계속 따라주십니다. 열린 흙 속으로 떨어지는 봄비처럼, 당신의 사랑과 우리의 사랑이 한데 어울리고 섞여서 생명 넘치는 하나가 됩니다. 당신이 계심으로 우리는 변화하고 성숙합니다. 그러므로 당신의 현존은 우리에게 정말 필요한 힘입니다. 당신이 주시는 사랑의 은총은 우리로 하여금 끝이 없는 영적 변화의 과정에 참여할 수 있게 해주십니다. 성숙할 준비를 갖춘 우리, 얼마나 감사한지요.

노래
"여기에 잔이 있습니다." (256쪽)

인도자
오 신성한 생명이시여, 이 나눔의 시간을 지도하고 안내하소서. 저희가 이 시간 서로의 말을 주의 깊게 듣게 하시고 우리 안에 그리고 우리 사이에 계신 당신을 기억하게 하소서. 아멘.

나눔의 시간

("그룹 모임에서 나눔을 위한 안내" 참고. 228쪽)

질문들
1. 당신이 받은 축복 중 어떤 것이 가장 의미가 있었나요?
2. 하느님의 어떤 손길이 당신 삶에 큰 영향을 주었나요?
3. 당신의 영적 성숙을 이끌어준 사람이나 다른 무엇이 있다면, 그 중에서 가장 유쾌한 기억을 들려주세요.

4. 당신 삶에서 고통으로 변장한 '복'을 서로에게 들려주세요.
5. 무엇이 당신으로 하여금 날마다의 복에 깨어 있게 합니까?

마치면서

노래:
"주 예수 이름 높이어"(찬송가 36장)

함께 기도 (시편 116:12-13)
주님께서 나에게 베푸신 모든 은혜를,
내가 무엇으로 갚을 수 있겠습니까?
내가 구원의 잔을 들고,
주님의 이름을 부르겠습니다.

축복의 인사
모임에 참가한 사람들과 함께 나누고 싶은 각자의 복을 묵상하는 시간을 갖는다. 여러분은 6주 동안 함께 여행을 했다. 서로의 슬픔과 기쁨을 들었다. 어떤 복을 빌어주고 싶은가? 각자의 잔에 이 "복"을 온 마음과 정성을 다해서 담는다. 그리고 다른 사람에게 다가가 당신의 잔 안에 담은 복을 돌아가며 차례로 따라준다. 당신의 잔을 다른 사람의 머리 위로 들어 올린 다음, 그를 위해 복을 비는 말을 하면서 복이 든 잔을 따라 붓는다.

찬송가 혹은 챈트

"내 영혼에 햇빛 비치니"(찬송가 428장) 혹은 다른 챈트.

참고도서

Borg, Marcus. *Meeting Jesus Again for the First Time: The Historical Jesus and the Heart of Contemporary Faith.* San Francisco: HarperSanFrancisco, 1994.

Bruteau, Beatrice. *Radical Optimism: Rooting Ourselves in Reality.* New York: Crossroad, 1993.

Bruteau, Beatrice. *The Easter Mysteries.* New York: Crossroad, 1995.

Chodron, Pema. *Start Where You Are: A Guide to Compassionate Living.* Boston: Shambhala, 1994.

Fulghum, Robert. *From Beginning to End: The Rituals of Our Lives.* New York: Villard Books, 1995.

Griffin, Emilie. *Turning.* New York: Doubleday, 1982.

Hammarsjkold, Dog, (translated by: W. H. Auden & Lief Sjoberg). *Markings.* London: Farber and Farber, 1964.

Hart, Louise. *On The Wings of Self-Esteem.* Berkeley, CA: Celestial Arts, 1994.

Harvey, Andrew. *The Way of Passion: A Celebration of Rumi.* Berkeley, CA: Frog, Ltd., 1994.

Hay, Louise. *You Can Heal Your Life.* Carlsbad, CA: Hay House, 1994.

Hilisum, Etty. *An Interrupted Life: Diaries of Etty Hilisum.* New York: Washington Square Press, 1981.

Houselander, Caryll. *The Reed of God.* London: Sheed and Ward, Ltd., 1976.

Hucal, Theresa. *Harvesting: Songs of Theresa Hucal*. New Brunswick, Canada: Sisters of Charity, 1987.

Kornfield, Jack. *A Path With Heart: A Guide through the Perils and Promises of Spiritual Life*. New York: Bantam Books, 1993.

Jones, Laurie Beth. *Jesus, C.E.O.: Using Ancient Wisdom for Visionary Leadership*. New York: Hyperion Press, 1995.

Lamott, Anne. *Bird by Bird: Some Instructions on Writing and Life*. New York: Doubleday, 1994.

L'Engle Madeleine. *Walking on Water: Reflections on Faith and Art*. Gross Pointe Park, MI: Shaw Books, 2001.

Meadows, Mary Jo. *Gentling the Heart: Buddhist Loving-Kindness Practice for Christians*. New York: Crossroad, 1994.

Merton, Thomas. *New Seeds of Contemplation*. New York: New Directions, 1961.

Miller, William. *Make Friends with Your Shadow*. Minneapolis: Augsburg, 1981.

Moyne, John and Coleman Barks. *Open Secret: Versions of Rumi*. Putney, VT: Threshold Books, 1984.

Muller, Wayne. *Legacy of the Heart: The spiritual advantages of a painful childhood*. New York: Simon & Schuster, 1992.

Julian of Norwich, (trans. by M. L. del Mastro). *Revelations of Divine Love*. New York: Doubleday, 1977.

Nouwen, Henri J. M. *Can You Drink the Cup?* Notre Dame, IN: Ave Maria Press, 1996.

Nouwen, Henri J. M. *Life of the Beloved: Spiritual Living in a Secular World*. New York: Crossroad, 1996.

Oliver, Mary. *New and Selected Poems*. Boston: Beacon Press, 1992.

Palmer, Parker J. *The Active Life: Wisdom for Work, Creativity, and*

Caring. San Francisco: HarperSanFrancisco, 1990.

Powers, Jessica. *The House at Rest*. Peawaukee, WI: Carmelite Monastery, 1984.

Remen, Rachel Naomi. *Kitchen Table Spirituality: Stories That Heal*. New York: Riverhead Books, 1996.

Salzberg, Sharon. *Loving-Kindness: The Revolutionary Art of Happiness*. Boston: Shambhala, 1995.

Sarton, May. *Journal of a Solitude*. New York: W.W. Norton, 1973.

Sarton, May. *Selected Poems*. New York: W.W. Norton, 1978.

Siegfried, Regina, Robert Morneau, (eds.). *Selected Poetry of Jessica Powers*. Kansas City, MO: Sheed and Ward, 1989.

Smith, Lee. *Fair and Tender Ladies*. New York: Ballantine Books, 1988.

Tagore, Rabindranath. *Gitanjali: A Collection of Indian Songs*. New York: Macmillan, 1971.

de Wall, Esther. *Every Earthly Blessing: Celebrating a Spirituality of Creation*. Ann Arbor, MI: Servant Publications, 1991.

Weber, Christin Lore. *The Finding Stone*. San Diego: Lura Media, 1995.

Weems, Ann. *Psalms of Lament*. Louisville, KY: Westminster John Knox Press, 1995.

Wicks, Robers. *Seeds of Sensitivity*. Notre Dame, IN: Ave Maria Press, 1994.

Wiederkehr, Macrina. *Song of the Seed: A Monastic Way of Tending the Soul*. San Francisco: HarperSanFrancisco, 1995.

Wiederkehr, Macrina. *A Tree Full of Angels: Seeing the Holy in the Ordinary*. San Francisco: Harper & Row, 1988.

Wood, Nancy. *Dancing Moons*. New York: Doubleday, 1995.